LES MEILLEURES RECETTES

marmiton

MADE IN FRANCE

playBac

Remerciements :
Nous tenons à remercier pour leur contribution à cet ouvrage :
Maud Boulin, Jean-Louis Broust, Gaétan Burrus, Servane Champion, Elsa Duval, Marie-Sophie Ferquel, Corinne Fleury, Damien Hervé, Laure Maj, Karine Marigliano, Anaïs Roué, Marjorie Seger, Marie-France Wolfsperger et Quat'Coul pour la photogravure, les fondateurs de Marmiton pour leur belle idée ainsi que l'ensemble des Marmitonautes qui, pour notre plus grand bonheur, contribuent chaque jour à Marmiton.

Directrice de collection : **Clémence Meunier**
Mise au point de la maquette : **Caroline Moutier**
Éditrice : **Audrey Génin**
Correctrice : **Maud Foutieau**

© Éditions Play Bac, 2014
33 rue du Petit-Musc
75004 Paris
www.playbac.fr

Isbn : 9782809650877
Dépôt légal : mai 2014
Imprimé en Slovénie par Gorenjski Tisk sur papiers issus de forêts gérées de manière responsable.

MIXTE
Papier issu de sources responsables
FSC® C057358

Donnez votre avis sur ce livre sur http://enquetes.playbac.fr en entrant le code 650877. Vous pourrez vous inscrire sur la plateforme Play Bac et gagner de nombreux livres et jeux de notre catalogue en cumulant des points.

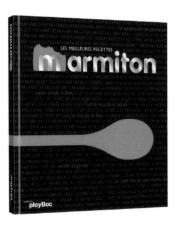

Les ouvrages Marmiton, à mettre dans toutes les cuisines !

LES MEILLEURES RECETTES

marmiton

MADE IN FRANCE

playBac

SOMMAIRE

INTRODUCTION

Terroir, mon beau terroir, montre-moi ce que tu as dans le ventre (ou plutôt ce que j'aurai bientôt dans le mien !). Ah le terroir… Ces recettes qui se transmettent de génération en génération, garantes des spécificités culinaires de nos régions et de leurs traditions. On adore !

Intemporelle, la cuisine de nos terroirs est d'autant plus généreuse qu'elle se nourrit des influences de chacun. Une recette n'est pas UNE mais multiple. Si chaque recette repose sur une base, sa richesse réside dans les multiples variantes issues des traditions locales. Aussi, ne vous offusquez pas si la recette n'est pas exactement telle que vous la connaissez, l'important, c'est que ce soit bon !

Car avouons-le, l'essentiel, c'est de se rassembler autour de bons petits plats pour partager des moments de convivialité et de bonheur. Oui, la cuisine, c'est du bonheur, et lorsqu'on met l'assiette dans le terroir, on est assuré de se régaler !

Christophe, Claire et toute l'équipe Marmiton

Chaque recette est accompagnée d'un picto qui indique sa région d'origine.

LE CENTRE

Du bœuf bourguignon à la pompe aux grattons en passant par les œufs en meurette, ce tour de France culinaire commence sous les meilleurs auspices ! Des hospices de Beaune en Bourgogne, on se dirige vers l'Auvergne et le Limousin, on se régale des spécialités du Centre avant de remonter en Ile-de-France…

LE NORD-OUEST

Sortez couverts et assiettes ! De la Normandie aux Pays de Loire jusqu'à la Bretagne, vous allez avoir du pain sur la planche pour goûter les trésors de ces régions : des spécialités aux pommes et au camembert aux crêpes bretonnes, en passant par les spécialités de la mer toute proche, ça fleure bon la crème, le beurre et la générosité.

LE SUD-OUEST

Après une halte dans le Poitou, on se dirige toutes papilles frémissantes vers les spécialités bordelaises, celles du Pays Basque et de toute la région Midi-Pyrénées. Du cassoulet à l'axoa en passant par les cannelés, le millas toulousain ou le gâteau basque, une chose est sûre, on ne va pas s'ennuyer.

LES DOM-TOM

Notre terroir s'inscrit aussi au-delà des frontières de l'Hexagone. L'évasion est au bout de la fourchette : épices, produits de la mer, recettes simples, goûteuses et relevées qui soulignent la richesse d'un terroir ensoleillé et joyeux. Voilà de quoi apporter des couleurs à notre gastronomie… Ça donne envie !

LE NORD

Bienvenue dans le Nord ! De la Haute-Normandie au Nord-Pas-de-Calais en passant par la Picardie, impossible de ne pas succomber aux plaisirs des produits de la mer : rien de tel qu'une bonne assiette de moules avant de déguster un welsh, une carbonnade ou une gaufre. Avoir l'embarras du choix gourmand, c'est un bonheur de chaque instant !

LE SUD-EST

Ici, les recettes fleurent bon le soleil. Rien qu'à l'évocation de la ratatouille, on a déjà l'impression d'être ailleurs. C'est encore mieux en dégustant les trésors culinaires de la Corse ! Du Languedoc-Roussillon à la région Rhône-Alpes en passant par la Côte d'Azur, un vent de vacances va souffler dans vos assiettes.

LE NORD-EST

De la Franche-Comté à la Champagne en passant par l'Alsace et la Lorraine, ce sont encore des monuments de notre gastronomie que nous vous proposons de mettre au menu. De l'incontournable choucroute en passant par les spécialités au vin jaune, on a envie de tout goûter ! Ça tombe bien, voici déjà une liste non exhaustive des recettes que vous allez pouvoir refaire à la maison.

LA FRANCE

Sont regroupées ici toutes les recettes qu'il est difficile de classer dans une région en particulier tant elles sont incontournables partout dans l'Hexagone ! Des valeurs sûres dont il vous faudra assurément faire le tour pour régaler les papilles de vos proches. C'est parti ?

LES ENTRÉES

Pour profiter pleinement des saveurs de la cuisine des terroirs, un petit conseil, oubliez le temps. Invitez des amis, réunissez-les autour d'une table, créez une atmosphère chaleureuse et commencez par apprivoiser leurs papilles avec une entrée très remarquée. Il serait dommage de faire l'impasse, l'entrée c'est un commencement, un échauffement qui présage l'arrivée du plat et du dessert. Autant dire l'assurance de plein de petits bonheurs gustatifs…

"Après l'avoir fait cuire, je le laisse au frais pendant une journée et, 48 heures avant de le déguster, j'ajoute 1 c. à soupe d'armagnac bien répartie sur le foie et je remets au frais." **Pat47240**

"Excellent… À essayer également avec du bleu ou du roquefort!" **nadege_34**

FOIE GRAS MI-CUIT

Pour 8 personnes :

Moyennement difficile ◔ - Moyen ⓔⓔⓔ
Préparation 20 min - Cuisson 30 min
Repos 48 h

Foie gras cru (1 lobe)
Fleur de sel
Poivre du moulin

la recette pour déveiner
un foie gras

① Préchauffez le four à 90 °C (th. 3).

② **Dénervez le foie.**

③ **Salez-le et poivrez-le** généreusement.

④ **Tassez-le dans une terrine** tout juste assez grande pour lui.

⑤ **Placez la terrine dans un plat rempli à moitié d'eau puis enfournez 30 min.**

⑥ Sortez la terrine du bain-marie et **laissez reposer 48 h** au frais avant de démouler et de déguster.

> Top des avis :
>
> ❝ Très bonne recette ! J'ai ajouté une demi-cuillère à café de sucre pour l'assaisonnement ! ❞ **choubatrax**

FEUILLETÉ AU CAMEMBERT

Pour 2 personnes :

Très facile ◔ - Bon marché ⓔⓔⓔ
Préparation 15 min - Cuisson 10 min

Pâte feuilletée (1 rouleau)
Camembert (1)
Cerneaux de noix (10-12)
Jaune d'œuf (1)
Miel liquide

① Préchauffez le four à 250 °C (th. 8-9).

② **Coupez le camembert en tranches fines.**

③ **Découpez la pâte feuilletée en rectangles** ou en disques de la taille des tranches de camembert.

④ **Disposez sur chaque rectangle de pâte une tranche de camembert, un cerneau de noix, un filet de miel et de nouveau une tranche de camembert.**

⑤ **Refermez avec un second rectangle de pâte.**

⑥ Baissez le thermostat du four à 210 °C (th. 7). **Badigeonnez chaque feuilleté de jaune d'œuf battu.** Disposez-les sur une plaque garnie de papier sulfurisé puis **enfournez une dizaine de minutes** : ils doivent être bien dorés.

⑦ **Servez les feuilletés** avec une salade de blé ou une salade verte.

BOUCHÉES À LA REINE

recette proposée par JANE67

Pour 8 personnes :

Facile ● - Moyen ●●●
Préparation 40 min - Cuisson 1 h 30

Épaule de veau (1 kg)
Poule (½)
Croûtes à bouchées (8)
Bouillon de poule (1 cube)
Quenelles de veau (200 g)
Champignons de Paris (200 g)
Carotte (1)
Bouquet garni (1)
Vin blanc sec (25 cl)
Oignon (1)
Beurre (60 g)
Farine (60 g)
Lait (25 cl)
Muscade
Crème fraîche (10 cl)
Jaunes d'œufs (2)
Huile d'olive
Sel, poivre

Astuce :

Pour des bouchées végétariennes, supprimez la viande et triplez la quantité de champignons.

① **Épluchez l'oignon et la carotte. Coupez-les en gros morceaux.**

② **Diluez le cube de bouillon dans 1 l d'eau tiède.**

③ Dans une casserole, **faites cuire l'épaule, la poule, la carotte, l'oignon et le bouquet garni dans 1e bouillon** jusqu'à ce que la viande soit tendre. Comptez environ 1 h-1 h 15.

④ Retirez du feu, **laissez refroidir un peu et filtrez le bouillon** dans une passoire.

⑤ Préchauffez le four à 180 °C (th. 6).

⑥ Lavez et **coupez en cubes les champignons.**

⑦ **Faites revenir les champignons** dans une poêle avec un peu d'huile d'olive.

⑧ Dans une casserole, **faites fondre le beurre. Ajoutez la farine, laissez cuire un peu puis ajoutez le bouillon filtré.** Mélangez bien à l'aide d'un fouet.

⑨ **Ajoutez le vin blanc et le lait, laissez cuire 10 min.**

⑩ **Réchauffez les croûtes à bouchées** 10 min au four.

⑪ **Désossez la poule. Coupez la chair de la poule, l'épaule et les quenelles en cubes.**

⑫ **Mettez la viande dans la sauce ainsi que les champignons.** Salez, poivrez et ajoutez un peu de muscade.

⑬ À la dernière minute, **ajoutez la crème fraîche et les jaunes d'œufs battus.** Réchauffez quelques instants sans faire bouillir.

⑭ **Remplissez les croûtes à bouchées puis servez.**

Top des avis :

❝ J'ai fait mijoter doucement un poulet entier, le veau, 2 carottes, 1 poireau et 1 bouquet garni dans un autocuiseur. À préparer tranquillement la veille, à dépiauter la veille au soir, il ne reste qu'à réaliser la sauce le jour J.❞
sissi67

SOUFFLÉ AU MAROILLES

recette proposée par **florence_580**

Pour 4 personnes :
Facile ☺ - Bon marché €€€
Préparation 30 min - Cuisson 50 min

Maroilles (150 g)
Œufs (3)
Farine (30 g)
Beurre (30 g)
Lait (25 cl)
Muscade
Sel, poivre

❶ Préchauffez le four à 180 °C (th. 6).

❷ **Préparez une béchamel : faites fondre le beurre, ajoutez la farine** tout en remuant pour obtenir un roux très blond.

❸ Enlevez la casserole du feu, **versez le lait et mélangez bien.**

❹ Remettez sur le feu et **remuez sans cesse jusqu'à ce que la crème épaississe.** Laissez refroidir.

❺ Décroûtez et **coupez en morceaux le maroilles.**

❻ **Ajoutez les cubes de maroilles dans la béchamel.** Mélangez pour faire fondre. Chauffez un peu si besoin. **Salez, poivrez, ajoutez un peu de muscade et les jaunes d'œufs.** Mélangez.

❼ **Fouettez les blancs d'œufs en neige et ajoutez-les à la préparation.**

❽ **Versez la pâte dans un moule** préalablement beurré, **enfournez** et laissez cuire **45 min** environ. Servez aussitôt.

PAPETON DE COURGETTE

Pour 4 personnes :
Facile ☺ - Bon marché €€€
Préparation 20 min - Cuisson 12 min

Courgette (1)
Oignons nouveaux (3)
**Parmesan en copeaux
(2 c. à soupe)**
Pomme de terre (1 petite)
Farine (2 c. à soupe)
Œuf (1) - Blanc d'œuf (1)
Huile d'olive (2 c. à soupe)
Poivre (2 pincées), sel

❶ Lavez et **râpez la courgette.**

❷ Épluchez, lavez puis **râpez la pomme de terre.**

❸ **Émincez les oignons** en petites lamelles.

❹ **Épongez la courgette et la pomme de terre.**

❺ **Placez-les dans un saladier avec les oignons, la farine, l'œuf, le blanc d'œuf, le poivre et une pincée de sel.**

❻ **Dans une poêle antiadhésive, versez la moitié de l'huile, ajoutez la préparation,** lissez le dessus à l'aide d'une spatule et **laissez cuire 6 à 7 min** à feu doux.

❼ **Retournez le contenu de la poêle sur un plat.** Versez le reste d'huile dans la poêle puis **glissez-y le papeton et poursuivez la cuisson** encore **5 min** environ.

❽ **Parsemez de parmesan** et servez immédiatement.

66 Excellent ! Le goût un peu fort
du maroilles est complètement adouci,
et l'ensemble donne quelque chose
de très délicat. 99
Didier_28

66 À cuire dans une poêle
à crêpe à feu doux. J'ai ajouté
de la menthe. 99
coralie06

PÂTÉ LORRAIN

recette proposée par **Micheline**

Pour 8 personnes :

Moyennement difficile ● - Moyen ●●©
Préparation 30 min - Cuisson 40 min
Repos 12 h

Pâte feuilletée (500 g)
Sauté ou épaule de porc (600 g)
Vin blanc sec (50 cl)
Persil (20 g)
Quatre-épices (1 pincée)
Échalotes (4)
Laurier (2 feuilles)
Herbes de Provence
Clous de girofle (1 ou 2)
Huile de tournesol (1 c. à soupe)
Jaune d'œuf (1)
Sel (10 g)
Moulin à poivre (2 ou 3 tours)

Astuce :
Si vous ne pouvez pas faire la marinade la veille, laissez mariner au moins 6 heures.

① <u>La veille :</u> épluchez et **hachez grossièrement les échalotes**.

② **Coupez le porc en petits dés**. Mettez-le dans un saladier.

③ **Ajoutez l'huile, les échalotes, le laurier, les herbes et les épices. Salez, poivrez, puis versez le vin blanc.**

④ Couvrez et **placez au réfrigérateur**.

⑤ <u>Le jour J :</u> préchauffez le four à 230 °C (th. 7-8).

⑥ **Étalez les deux tiers de la pâte en un rectangle** de 35 x 25 cm en veillant à garder au milieu un rectangle de 12 x 25 cm de large un peu plus épais (environ 5 à 6 mm) qui correspondra au fond du pâté et qui accueillera la viande. Affinez les bords.

⑦ **Déposez la viande sur la pâte après l'avoir bien égouttée** et en ayant pris soin de retirer les échalotes, le laurier et les clous de girofle.

⑧ **Ramenez les bords de la pâte sur la viande.**

⑨ **Formez le couvercle avec le tiers de pâte restante** préalablement abaissé en un rectangle de 12 x 25 cm.

⑩ **Collez la pâte au jaune d'œuf.**

⑪ Avec la pointe d'un couteau, **faites un trou dans le couvercle à chaque extrémité** et enfoncez-y un petit cylindre de papier d'aluminium afin que la cheminée ne se referme pas pendant la cuisson.

⑫ Pour parfaire la présentation, **tracez quelques lignes décoratives sur le couvercle** mais en veillant à ne pas couper la pâte.

⑬ **Enfournez** et laissez cuire **40 min environ**.

⑭ Quinze minutes avant la fin de la cuisson, **dorez le pâté au pinceau avec le reste du jaune d'œuf mélangé à un peu d'eau.**

> 66 Afin de varier les goûts, j'ai également entouré de lard des abricots secs, des figues sèches et des morceaux d'ananas (en boîte). Un délice ! 99
> **Stephys**

LOT-ET-GARONNE

PRUNEAUX AU LARD

recette proposée par **Frederique_53**

Pour 6 personnes :

Très facile ☺ - Bon marché ●©©
Préparation 15 min - Cuisson 10 min

**Pruneaux d'Agen dénoyautés
(250 g)
Tranches de lard très fines
(15 tranches)**

① Faites chauffer le gril du four.

② **Coupez chaque tranche de lard en deux** dans le sens de la longueur.

③ **Enroulez chacune de ces demi-tranches autour d'un pruneau.**

④ **Piquez avec un cure-dents.**

⑤ **Disposez les pruneaux sur une plaque** garnie de papier sulfurisé.

⑥ **Faites cuire 8 à 10 min sous le gril** en retournant les pruneaux à mi-cuisson.

⑦ Dégustez chaud.

> **Top des avis :**
>
> 66 Recette que je réalise souvent, mais pour encore plus de goût et d'effet, j'incise mes pruneaux et y glisse un petit bout de gruyère. 99 **victoria59152**

BOUCHONS RÉUNIONNAIS

recette proposée par **frank_47**

Pour 35 bouchons :

Très facile ⊕ - Bon marché ◉◉◉
Préparation 30 min - Cuisson 10 min

Chair à saucisse (200 g)
Steak haché (150 g)
Sauce d'huître (2 c. à café)
Sauce nuoc-mâm (5 c. à café)
Oignons blancs (6 petits)
Ciboulette (4 c. à café)
Persil (3 c. à café)
Cinq-épices (1 c. à café)
Piment de Cayenne (4 pincées)
Farine - Sel, poivre

① Lavez et **ciselez la ciboulette et le persil.** Épluchez et **émincez les oignons.**

② **Coupez finement la chair à saucisse.**

③ Dans un saladier, **ajoutez la chair à saucisse, le steak haché, les sauces, les oignons, la ciboulette, le persil, les épices et le piment.** Salez et poivrez. **Mélangez** à la main ou à l'aide d'une fourchette.

④ **Formez des petites boules** avec cette farce.

⑤ **Versez un peu de farine dans une assiette puis roulez-y les boudin**s 2 à 3 fois.

⑥ **Faites cuire les bouchons 10 min dans un cuit-vapeur.**

⑦ Servez avec une sauce pimentée.

Excellent ! Je n'ai utilisé que de la sauce soja. Et je n'ai pas mis la viande hachée. Le résultat était très bien.
Sylviane_308

19
ENTRÉES

GOUGÈRES AU FROMAGE

recette proposée par **Karine_9**

Pour 6 personnes :
Facile ◑ - Bon marché ●○○
Préparation 20 min - Cuisson 30 min

Gruyère râpé (150 g)
Œufs (4) - Jaune d'œuf (1)
Farine (150 g)
Beurre (80 g)
Noix de muscade (1 pincée)
Sel, poivre

① Préchauffez le four à 200 °C (th. 6-7).

② Dans une casserole, **portez 25 cl d'eau à ébullition avec le beurre coupé en morceaux et 1 c. à café de sel.**

③ Une fois le beurre fondu, **ajoutez d'un coup, hors du feu, la farine.** Mélangez vivement.

④ **Remettez sur feu doux et mélangez** sans cesse pendant 1 min. Laissez tiédir, puis **incorporez les œufs entiers un par un.**

⑤ **Ajoutez le gruyère râpé et la muscade.** Salez et poivrez.

⑥ À l'aide de deux cuillères à café, **réalisez des petits tas et disposez-les sur une plaque beurrée. Enfournez pour 25 min.** Une fois refroidies, **dorez les petites gougères avec le jaune d'œuf** battu.

FICELLE PICARDE

recette proposée par **tlaure**

Pour 4 personnes :
Facile ◑ - Bon marché ●○○
Préparation 30 min - Cuisson 25 min

Galettes de blé noir (4)
Jambon blanc (4 tranches)
Champignons de Paris frais (500 g)
Citron (½)
Crème fraîche (20 cl) - Gruyère râpé
Huile d'olive - Sel, poivre

Préparer des champignons de Paris

① Préchauffez le four à 200 °C (th. 6-7).

② **Lavez les champignons et coupez-les en lamelles.**

③ Dans une poêle, **faites-les revenir dans un peu d'huile d'olive** jusqu'à disparition du jus. **Pressez le citron.**

④ **Ajoutez la crème fraîche et le jus de citron.** Salez, poivrez. **Laissez mijoter 10 min** à feu doux.

⑤ Quand la préparation est tiède, dressez les ficelles picardes : **posez une galette à plat sur une assiette, posez une tranche de jambon dessus puis déposez au centre le quart de la préparation aux champignons.** Salez et poivrez.

⑥ **Roulez la galette** et posez-la dans un plat allant au four.

⑦ Faites la même chose avec les trois galettes restantes.

⑧ **Saupoudrez les ficelles de gruyère râpé.**

⑨ **Enfournez** et laissez cuire **10 min.**

“Recette parfaite, je l'ai réalisée avec des lardons grillés à la poêle, de la feta et de l'origan.”
Cannwelle

“Personnellement, je mets des échalotes hachées dans la préparation aux champignons.”
Jeanfrancois

CROÛTE FORESTIÈRE AUX MORILLES

recette proposée par **Celine_3750**

Pour 6 personnes :

Moyennement difficile ◑ - Moyen ●●◎
Préparation 40 min - Cuisson 1 h 15

**Bocal de cèpes (1) ou cèpes séchés
(1 poignée)
Champignons de Paris frais (500 g)
Champignons sauvages type
chanterelles, morilles, etc.
(1 poignée)
Vin blanc sec (7 cl)
Jus de citron (1 filet)**
Beurre (100 g)
Farine (50 g)
Crème liquide entière (25 cl)
Ail (1 gousse)
Échalote (1)
Sel, poivre

> **Astuce :**
> Si la sauce est trop liquide, ajoutez un peu de Maïzena diluée dans de l'eau froide et laissez épaissir sur feu doux en remuant.

❶ **Si vous utilisez des champignons séchés, faites-les tremper la veille** dans une bonne quantité d'eau tiède. Après trempage, sortez les champignons de l'eau puis **rincez-les bien**.

❷ Dans un casserole, **faites cuire les champignons de Paris dans de l'eau citronnée** et légèrement salée puis réservez le jus de cuisson.

❸ Épluchez et **émincez l'échalote et l'ail**.

❹ Dans une poêle, **faites revenir tous les champignons dans 50 g de beurre**.

❺ **Ajoutez l'échalote, l'ail et le vin blanc. Laissez mijoter** pendant que vous préparez la sauce.

❻ Faites un roux : dans un casserole, **faites fondre le reste du beurre puis ajoutez la farine** d'un coup en mélangeant. Laissez légèrement blondir. **Laissez refroidir.**

❼ Dans une casserole, **commencez à lier la sauce en mélangeant progressivement un peu de roux avec un peu de jus des champignons**. Allez-y progressivement afin que la sauce ne soit pas trop liquide.

❽ **Ajoutez la crème**, plus ou moins en fonction de la consistance voulue. N'hésitez pas à rallonger la sauce avec de la crème ou de l'eau si elle semble trop épaisse.

❾ **Mélangez les champignons à la sauce puis assaisonnez avec un peu de sel et de poivre.**

❿ **Laissez mijoter pendant 1 h** à feu doux en remuant de temps en temps.

⓫ Dégustez avec des croûtes feuilletées ou des tranches de pain grillées.

> **Top des avis :**
> 66 J'ai fait revenir les champignons avec une poignée de persil haché, cela a bien parfumé l'ensemble. 99
> Géraldine_matala

« J'ai monté les blancs
d'œufs en neige.
Excellent ! »
valmitonne

RHÔNE-ALPES
SAUCISSON EN BRIOCHE
recette proposée par **NANOU**

Pour 6 personnes :

Facile ● - Moyen ●●●
Préparation 15 min - Cuisson 40 min

Saucisson à l'ail (500 g)
Crème fraîche (200 ml)
Œufs (3)
Farine (250 g)
Levure chimique (1 sachet)
Beurre
Sel, poivre

1. Préchauffez le four à 200 °C (th. 6-7).
2. **Pochez le saucisson** une dizaine de minutes dans une casserole d'eau bouillante.
3. **Retirez la peau du saucisson.**
4. **Dans un saladier, versez la farine, la levure, la crème fraîche et les œufs. Salez et poivrez. Mélangez** jusqu'à obtenir une pâte lisse.
5. Beurrez un plat à cake.
6. **Versez la moitié de la pâte dans le moule, déposez le saucisson puis recouvrez du reste de pâte.**
7. **Enfournez** et laissez cuire **30 min**.
8. **Démoulez chaud.** Servez tiède ou froid.

Top des avis :

« Je n'ai jamais aussi bien réussi une brioche ; j'ai laissé reposer ma pâte pendant 2 ou 3 heures, ainsi elle était bien gonflée. Mes amis ont adoré. » **Emilie_1665**

ARTICHAUTS À LA BARIGOULE

recette proposée par **florence_2777**

Pour 4 personnes :
Facile ◐ - Bon marché ⊖⊕⊕
Préparation 15 min - Cuisson 1 h 10

Fonds d'artichaut surgelés (1 kg)
Lardons fumés (250 g)
Bouillon de poule (1 cube)
Thym et romarin (quelques brins)
Oignon (1)
Ail (10 gousses)
Huile d'olive (3 c. à soupe)
Sel, poivre

1. **Faites cuire les fonds d'artichaut** dans une casserole d'eau bouillante.

2. Épluchez et **émincez en lamelles l'oignon**.

3. Dans un faitout, **faites revenir les lardons et les lamelles d'oignon** dans l'huile d'olive.

4. **Égouttez les fonds d'artichaut et coupez-les chacun en quatre.**

5. **Ajoutez les fonds d'artichaut, les gousses d'ail** préalablement épluchées et émincées, **le thym, le romarin**, du sel et du poivre dans le faitout. **Ajoutez le bouillon dilué** dans un peu d'eau tiède.

6. **Faites cuire à feu très doux pendant 1 h** à couvert.

Top des avis :

66 Servi avec une fricassée de champignons, parfait ! 99
Emeline_343

66 Délicieux, j'ai juste ajouté un peu de vin blanc et une carotte coupée en petits dés. 99
Caudia58

ŒUFS EN MEURETTE

recette proposée par **Mybougna**

Pour 4 personnes :
Moyennement difficile ●
Bon marché ●●●
Préparation 20 min - Cuisson 1 h

Lardons fumés (100 g)
Champignons de Paris (100 g)
Vin rouge (50 cl)
Bouquet garni (1)
Pain rassis (quelques tranches)
Œufs (4)
Oignon (1)
Ail (2 gousses)
Farine (1 c. à soupe)
Sucre (1 morceau)
Vinaigre de vin blanc
Beurre - Sel, poivre

Astuce :
Pour pocher les œufs, placez un film alimentaire au fond d'une tasse en le laissant bien déborder. Cassez l'œuf dedans, fermez la papillote en faisant un nœud bien serré. Faites cuire la papillote 3 min dans de l'eau frémissante, retirez le film alimentaire et déposez les œufs dans la sauce.

① Épluchez les légumes. **Émincez l'oignon et les champignons. Hachez 1 gousse d'ail.**

② **Faites dorer les champignons** avec un peu de beurre dans une poêle.

③ Dans une casserole, **faites revenir le lard et l'oignon** avec un peu de beurre (si nécessaire).

④ **Saupoudrez de farine et remuez** jusqu'à ce que la farine blondisse.

⑤ **Ajoutez le vin, le bouquet garni, les champignons, l'ail et le sucre.** Salez et poivrez.

⑥ **Laissez réduire à feu très doux pendant 45 min** : la sauce doit devenir onctueuse.

⑦ **Coupez le pain en cubes** pour obtenir des croûtons.

⑧ Avant de servir, **faites revenir les croûtons dans une poêle avec du beurre** puis grattez-les légèrement avec la gousse d'ail restante.

⑨ Pochez les œufs : **cassez les œufs l'un après l'autre dans une grande casserole d'eau frémissante légèrement vinaigrée.** Laissez cuire 3 min environ.

⑩ **Retirez les œufs** à l'aide d'une écumoire.

⑪ **Dans chaque assiette, disposez des croûtons puis un œuf poché. Nappez de sauce** puis servez.

Top des avis :

❝ Je ne poche pas les œufs à part, je les mets directement dans la sauce au vin pour les cuire, et je couvre avec un couvercle pour cuire le dessus des œufs (et je mets des échalotes au lieu des oignons). Très bon !❞ JLL71

« Une petite astuce : s'il vous reste un peu de sauce après avoir mangé un bœuf bourguignon, vous pouvez casser des œufs dans la sauce et les laisser pocher... Cela se rapproche de près des œufs en meurette. »
Patoune7

« Excellentes aussi gratinées dans un mini ramequin pour l'apéro. »
EdithPB

CASSOLETTES D'ESCARGOTS

recette proposée par **Delphine_m23**

Pour 6 personnes :
Facile - Bon marché
Préparation 15 min - Cuisson 25 min

**Escargots de Bourgogne
(6 douzaines)
Champignons de Paris (500 g)
Vin blanc (25 cl)
Pain de mie (6 tranches rondes)
Persil (1 bouquet)**
Crème fraîche (20 cl) - Ail (1 gousse)
Échalotes (2) - Beurre (100 g)
Noix de muscade - Sel, poivre

Préparer des champignons
de Paris

① **Égouttez les escargots.**

② Pelez et **hachez menu l'ail, les échalotes et le persil**, placez-les dans un saladier.

③ **Ajoutez 80 g de beurre** coupé en petits morceaux. **Salez, poivrez et râpez un peu de muscade.** Mélangez.

④ **Nettoyez les champignons et émincez-les.**

⑤ **Faites fondre le beurre aromatisé** dans une sauteuse.

⑥ **Ajoutez les champignons** et laissez cuire 4 à 5 min **puis ajoutez les escargots.** Mélangez bien.

⑦ **Versez le vin blanc, remuez et laissez mijoter** à découvert pendant 8 à 10 min. **Incorporez la crème fraîche et laissez réduire** sur feu assez vif pendant 8 min.

⑧ Pendant ce temps, **faites dorer le pain** (préalablement passé au grille-pain) dans le reste de beurre. **Égouttez-le** sur du papier absorbant.

⑨ **Placez une tranche de pain au fond de chaque cassolette.**

⑩ **Ajoutez la préparation d'escargots.** Servez très chaud.

SALADE NIÇOISE

recette proposée par **lutinmalin06**

Pour 4 personnes :

Très facile 🙂 - Bon marché 🪙🪙🪙
Préparation 20 min - Cuisson 9 min
Repos 1 h

Tomates cerise (10)
Cébettes (2) - Févettes (8)
Poivron vert (1) - Radis (8)
Thon au naturel en conserve
(200 g)
Filets d'anchois au sel (4)
Olives noires de Nice (8)
Basilic (quelques feuilles)
Œufs (4)
Vinaigre de vin rouge
Huile d'olive - Sel, poivre

Préparer un poivron

❝ J'ai remplacé le vinaigre par un demi-citron, et les radis par un demi-concombre : un régal ! ❞
mariechristine_393

1. **Faites cuire les œufs** : plongez-les dans une casserole d'eau froide, portez à ébullition puis comptez 9 min de cuisson.
2. Laissez-les refroidir, **écalez-les et coupez-les en deux.**
3. Lavez et **hachez les cébettes.**
4. **Lavez le poivron vert**, ôtez le pédoncule et les graines. **Émincez-le en fines lanières.**
5. Lavez et **coupez en rondelles les radis.**
6. Égouttez et **émiettez le thon.**
7. Lavez et **coupez les tomates en deux.**
8. Lavez et **ciselez finement le basilic.**
9. Dans un grand saladier, **mélangez les cébettes, les févettes, les lanières de poivron, les rondelles de radis et les miettes de thon. Ajoutez les tomates, les œufs, les anchois et les olives. Parsemez de basilic.**
10. **Arrosez d'huile d'olive et de vinaigre. Salez et poivrez.**
11. **Placez 1 h au frais** puis mélangez juste avant de servir.

29
ENTRÉES

"Je n'avais pas de fromage de chèvre, j'ai utilisé de la feta, c'était très bon."
Poulette26

"Très bonne recette, j'ai utilisé des pommes de terre surgelées. C'est très bon avec de la mâche et du vinaigre balsamique."
Olivia56

SALADE DE FÈVES AU CHÈVRE FRAIS

recette proposée par **Pirouette**

Pour 6 personnes :

Très facile 😊 - Bon marché 💰💰💰
Préparation 30 min - Cuisson 15 min
Repos 20 min

Fèves fraîches ou surgelées (2 kg)
Fromage de chèvre frais (100 g)
Sarriette ou thym (1 brin)
Œufs (2) - Oignon (1)
Huile d'olive (8 cl)
Vinaigre de Xérès (3 cl) - Sel, poivre

Préparer des fèves fraîches

1. **Faites cuire les œufs** : plongez-les dans une casserole d'eau froide, portez à ébullition puis laissez cuire 9 min.
2. Épluchez et **émincez l'oignon en fines lamelles.**
3. **Placez-les dans un saladier, mouillez avec le vinaigre, salez et laissez macérer 20 min** pour rendre l'oignon plus tendre.
4. Écalez puis **coupez en quartiers les œufs durs.**
5. **Écossez les fèves. Faites-les cuire** 5 min à l'eau bouillante bien salée avec le brin de sarriette ou de thym. Égouttez-les et **rincez-les sous l'eau froide pour stopper la cuisson.**
6. Lorsqu'elles sont froides, **ôtez leur seconde peau.**
7. **Versez l'huile d'olive sur les oignons.**
8. **Ajoutez les fèves, le fromage de chèvre coupé en cubes et, pour finir, les œufs.** Salez et poivrez.
9. **Placez au réfrigérateur jusqu'au moment de servir.**

SALADE TIÈDE D'ANDOUILLE

recette proposée par **sandrine_4372**

Pour 4 personnes :

Très facile 😊 - Bon marché 💰💰💰
Préparation 10 min - Cuisson 45 min

Andouille de Guémené (400 g)
Pommes de terre (8)
Oignons (2)
Huile d'olive
Vinaigre balsamique
Sel, poivre

1. **Épluchez les pommes de terre et coupez-les en petits cubes.** Lavez-les et séchez-les. Épluchez et **émincez les oignons.**
2. **Coupez l'andouille en rondelles fines.**
3. **Faites chauffer de l'huile dans une poêle** puis **faites-y rissoler les cubes de pommes de terre.**
4. Pendant ce temps, **faites revenir dans une autre poêle les oignons et les rondelles d'andouille.**
5. Quand les oignons sont bien fondus et que l'andouille commence à se défaire, **déglacez au vinaigre.**
6. **Une fois les pommes de terre cuites, rajoutez-les à la préparation oignons-andouille et faites revenir l'ensemble 10 min.** Salez et poivrez. **Servez aussitôt.**

SALADE ALSACIENNE AU CERVELAS

recette proposée par **Sissi67**

Pour 2 personnes :

Très facile ⊕ - Bon marché ©©©
Préparation 10 min - Cuisson 10 min
Repos 1 h

Cervelas (2)
Laitue (quelques feuilles)
Gruyère (60 g)
Persil (10 brins)
Oignon (1)
Œuf (1)
Huile d'olive (3 c. à soupe)
Vinaigre (1 c. à soupe)
Moutarde (1 c. à café)
Sel, poivre

① **Faites cuire l'œuf** : posez-le dans une casserole d'eau froide, portez à ébullition puis comptez 9 min de cuisson.

② **Écalez l'œuf puis coupez-le en rondelles.**

③ **Retirez la peau des cervelas, coupez-les en deux** dans le sens de la longueur **puis coupez-les en demi rondelles.**

④ **Lavez et séchez les feuilles de salade.**

⑤ Lavez et **ciselez le persil**. Épluchez et **émincez l'oignon**.

⑥ **Râpez le gruyère** avec une râpe à gros trous.

⑦ Dans un bol, **mélangez l'huile, le vinaigre et la moutarde. Salez et poivrez.**

⑧ Dans un saladier, **déposez les feuilles de salade, les tranches de cervelas et les rondelles d'œufs. Saupoudrez de gruyère.**

⑨ **Disposez des rondelles d'oignon, parsemez de persil ciselé puis versez la vinaigrette.** Laissez reposer au moins 1 h.

❝J'ai mis des oignons rouges et ajouté des cornichons. Excellente recette.❞
PapyAnneJean

> **66** J'ajoute des pignons de pin que je fais dorer à sec dans une poêle. C'est un délice! **99**
> **TiPascalou**

AQUITAINE

SALADE PÉRIGOURDINE

recette proposée par **Elodie_85**

Pour 4 personnes :

Très facile ⊕ - Moyen ●●©
Préparation 15 min - Cuisson 5 min

**Magrets de canard séchés
(16 tranches)**
Gésiers de canard confits (1 boîte)
Salade verte (1)
Maïs (50 g)
Cerneaux de noix (20)
Moutarde (1 c. à soupe)
Vinaigre de framboise (1 c. à soupe)
Huile de noix (3 c. à soupe)
Sel, poivre

① **Lavez la salade,** essorez-la et disposez-la dans un saladier.

② **Préparez une vinaigrette en mélangeant,** dans un bol, **une pincée de sel, un peu de poivre, la moutarde, le vinaigre et l'huile de noix.**

③ **Versez la vinaigrette sur la salade** et mélangez.

④ Dans une poêle, **faites réchauffer les gésiers.**

⑤ **Rincez le maïs.**

⑥ **Disposez la salade dans les bols, parsemez de cerneaux de noix et de maïs.**

⑦ **Disposez sur le dessus les fines tranches de magret.**

⑧ **Une fois les gésiers réchauffés,** sortez-les de la poêle avec une écumoire, pour enlever l'excédent de graisse. **Placez-les sur les bols,** au milieu.

⑨ Servez bien chaud.

Top des avis :

66 J'ajoute des œufs mais je ne les fais pas durcir, je les sers mollets et tièdes. **99** francoise_2696

“Facile et très abordable.
J'ai ajouté 500 g de talon de jambon.”
aurorecdb

MINESTRONE AU PISTOU

recette proposée par **chrystele_7**

Pour 6 personnes :

Facile ◐ - Bon marché ◉◉◉
Préparation 45 min
Cuisson 1 h 20

Haricots blancs frais (500 g)
Haricots verts frais (100 g)
Gros macaronis (150 g)
Tomates (4)
Courgettes (3)
Carottes (3)
Sauge (2 feuilles)
Pommes de terre (2)
Oignons (2)
Huile d'olive (2 c. à soupe)
Sel, poivre

Pour le pistou :
Basilic (1 bouquet)
Parmesan râpé (6 c. à soupe)
Ail (4 gousses)
Huile d'olive (4 c. à soupe)

Astuce :
Pour une recette encore moins onéreuse, utilisez des tomates pelées en boîte et des haricots blancs secs.

Préparer des haricots verts

---

① **Écossez les haricots blancs.**

② **Nettoyez et épluchez les haricots verts, coupez-les en deux.**

③ **Taillez les courgettes en bâtonnets.**

④ Épluchez et **coupez en dés les pommes de terre.**

⑤ Pelez et **émincez les oignons.**

⑥ Ébouillantez, pelez et **épépinez les tomates puis coupez-les en morceaux.**

⑦ Pelez et **coupez les carottes en morceaux.**

⑧ **Dans un faitout, placez les courgettes, les carottes, les oignons ainsi que les tomates. Ajoutez l'huile d'olive. Laissez revenir** doucement pendant **5 min.**

⑨ **Versez** dans le faitout **3 l d'eau froide, jetez-y les haricots blancs et la sauge. Faites cuire 1 h** en écumant régulièrement. Salez à mi-cuisson.

⑩ **Ajoutez les haricots verts, les pommes de terre et les macaronis. Faites cuire 15 min.** Salez et poivrez.

Pour le pistou :

⑪ Dans un petit saladier, pelez et **écrasez les gousses d'ail. Ajoutez les feuilles de basilic ciselées et le parmesan.**

⑫ **Malaxez tous les ingrédients et incorporez l'huile d'olive** progressivement.

⑬ **Versez la moitié du pistou dans la soupe.**

⑭ Servez aussitôt et présentez le reste du pistou à part.

35
ENTRÉES

Top des avis :

❝ Excellent ! J'ai utilisé des pâtes type vermicelles à la place des macaronis. ❞ Didou_1

❝ J'ai juste ajouté des haricots rouges et un bouillon cube dans la soupe pour relever le goût. Excellente recette. ❞ Nolwennazur

ACRAS DE MORUE

Pour 4 personnes :
Facile ● - Bon marché ●●●
Préparation 20 min - Cuisson 5 min
Repos 24 h

Morue séchée (500 g)
Ciboulette (quelques brins)
Piment
Farine (250 g)
Lait (20 cl)
Œuf (1)
Huile pour friture (½ l)
Sel, poivre

① **La veille, faites tremper la morue dans de l'eau froide** pendant 24 h (en changeant l'eau 2 ou 3 fois).

② **Le lendemain, enlevez la peau et les arêtes** du poisson. **Émiettez la morue.**

③ Dans un saladier, **mélangez la farine, le lait et l'œuf** jusqu'à l'obtention d'une pâte lisse.

④ **Ajoutez la morue.**

⑤ **Salez, poivrez puis ajoutez la ciboulette** préalablement **lavée et ciselée et un peu de piment** (selon les goûts).

⑥ **Faites chauffer l'huile dans une casserole** jusqu'à son frémissement.

⑦ **Déposez-y délicatement de grosses cuillerées de pâte.**

⑧ **Faites-les frire** jusqu'à ce que les acras aient une couleur dorée (comptez 4 ou 5 min). **Égouttez** et servez.

SOUPE DE POISSON AU SAFRAN

Pour 6 personnes :
Facile ● - Moyen ●●●
Préparation 15 min - Cuisson 40 min

Poisson blanc (500 g)
Tomate (1)
Oignon (1)
Ail (1 gousse)
Safran en poudre (1 pincée)
Huile d'olive
Sel, poivre

① Pelez et **hachez l'oignon finement.** Pelez et **écrasez l'ail.**

② Pelez, épépinez et **hachez la tomate.**

③ **Faites chauffer 2 c. à soupe d'huile** dans une cocotte. **Faites-y revenir l'oignon et les dés de tomate,** laissez mijoter **5 min.**

④ **Mouillez avec 1 l d'eau,** salez et poivrez.

⑤ **Rajoutez l'ail** et portez à ébullition.

⑥ **Ajoutez le poisson** et **laissez cuire** pendant **30 min.**

⑦ **Passez la soupe au chinois.**

⑧ **Ajoutez le safran.**

⑨ Servez avec du pain grillé frotté à l'ail.

Préparer une soupe de poisson

"Encore une très bonne recette, facile et rapide ! Il ne faut pas hésiter à bien relever la pâte (poivre, piment et ail frais haché fin)."
Iole2

"Un délice. Sur les conseils de mon poissonnier, j'ai ajouté des favouilles (petits crabes verts) et un petit morceau de congre."
Elysa1

 AQUITAINE
TOURIN À L'AIL

Pour 4 personnes :

Très facile ☺ - Bon marché €€€
Préparation 10 min - Cuisson 15 min

Ail (1 tête)
Œuf (1)
Graisse de canard ou huile d'olive
(1 c. à soupe)
Farine (1 c. à soupe) - Vinaigre
Sel, poivre

① **Pelez la tête d'ail**.

② Dans une casserole, **faites** (à peine) **blondir les gousses d'ail** dans de la graisse de canard ou de l'huile chaude.

③ **Ajoutez très vite la farine, mélangez puis versez 1 l d'eau. Quand l'eau bout, cassez l'œuf dans 2 bols en séparant le blanc du jaune.**

④ **Mélangez au jaune un filet de vinaigre et versez le tout dans la casserole** en remuant pour ne pas que l'œuf coagule.

⑤ **Ajoutez le blanc**, toujours en tournant. **Salez, poivrez.**

Préparer de l'ail

Top des avis :

❝ Personnellement, j'écrase l'ail avant de le faire revenir et j'ajoute la moitié d'un oignon. Un régal. ❞ **Roland_64**

SOUPE CORSE

recette proposée par **mamacorsica**

Pour 6 personnes :

Très facile ● - Moyen ●●●
Préparation 30 min - Cuisson 1 h 10

Haricots rouges frais (1,5 kg)
Pancetta (200 g)
Talon de jambon (1)
Saucisses sèches (6)
Tagliatelles (250 g)
Coulis de tomate (200 g)
Pommes de terre (3)
Oignons (2) - Ail (1 gousse)
Laurier - Thym
Huile d'olive
Poivre

1. **Épluchez les haricots, rincez-les puis faites-les cuire 30 min** dans une casserole d'eau salée.

2. **Épluchez l'ail et les oignons. Émincez-les.**

3. **Coupez la pancetta et le jambon en lanières. Coupez les saucisses en rondelles.**

4. Dans une cocotte, **faites chauffer un peu d'huile d'olive. Faites-y blondir les oignons et ajoutez la charcuterie.**

5. **Ajoutez le coulis de tomate puis couvrez d'eau.** À ébullition, **ajoutez les haricots. Poivrez et ajoutez du thym, du laurier et l'ail.** Mélangez.

6. **Ajoutez les pommes de terre** épluchées et coupées en gros quartiers. Couvrez et **laissez cuire 25 min**.

7. **Ajoutez les pâtes,** laissez cuire jusqu'à ce qu'elles soient *al dente*.

BRETZELS

Pour 6 personnes :
Moyennement difficile ●
Bon marché ●©©
Préparation 1 h - Repos 2 h 40
Cuisson 15 min

Levure de boulanger (10 g)
Bicarbonate de soude (25 g)
Gros sel
Farine (300 g)
Beurre (50 g)
Sel fin (1 c. à soupe)
Lait (10 cl)

Astuce :
Remplacez le gros sel par
du gruyère râpé.

① Préparez le levain : dans un bol, **délayez la levure et le sel fin dans le lait** préalablement **tiédi.**

② **Ajoutez 2 c. à soupe de farine. Mélangez,** couvrez d'un linge et laissez doubler de volume à température ambiante.

③ Dans une terrine, **mélangez le beurre en pommade avec le restant de farine et 10 cl d'eau. Pétrissez bien cette pâte.**

④ **Incorporez le levain.**

⑤ **Laissez reposer pendant 2 h** en couvrant d'un linge humide.

⑥ Préchauffez le four à 250 °C (th. 8-9).

⑦ **Prélevez des morceaux de pâte de la taille d'un œuf.**

⑧ **Roulez des boudins de la dimension d'un petit doigt et d'une longueur de 40 cm.** Façonnez en croisant les extrémités vers l'intérieur.

⑨ **Laissez reposer 20 min,** puis **réservez les bretzels au frais** jusqu'à léger raffermissement de la pâte.

⑩ Dans un grand faitout, **faites bouillir 1 l d'eau et le bicarbonate de soude,** puis laissez tiédir.

⑪ **Plongez les bretzels dans ce bain,** retirez-les lorsqu'ils remontent à la surface puis posez-les précautionneusement sur une plaque beurrée.

⑫ **Parsemez-les de gros sel.**

⑬ **Mettez à cuire à four très chaud pendant 8 à 10 min seulement.**

Top des avis :

❝ J'ai remplacé le beurre par de la margarine, et rajouté de la farine pour que la pâte ne soit pas trop collante. Par contre, pour obtenir une belle couleur dorée, je badigeonne les bretzels avec du jaune d'œuf avant de mettre le gros sel et de les faire cuire au four. ❞ syTH J

« Délicieux avec
des graines de pavot dessus !
Je recommencerai ! »
stephjala

> " J'ai retrouvé la pompe de mon enfance. Excellente recette, c'est devenu ma spécialité, je la fais à chaque apéritif. "
>
> sodecat

 CENTRE
POMPE AUX GRATTONS

recette proposée par **minou2**

Pour 8 personnes :
Facile ● - Bon marché ●©©
Préparation 35 min - Repos 2 h 15
Cuisson 50 min

Levure de boulanger (10 g)
Grattons (300 g)
Farine (300 g)
Œufs (4)
Beurre (150 g)
Lait (10 cl + un peu pour la levure)
Sel (½ c. à café)

① Dans un bol, **délayez la levure** dans un peu de lait tiède.

② **Préparez une pâte à brioche en mélangeant,** dans un saladier, **la farine, le sel, le lait et 3 œufs.**

③ **Ajoutez la levure délayée.** Mélangez.

④ **Ajoutez le beurre** préalablement ramolli et coupé en morceaux.

⑤ **Pétrissez la pâte** sur un plan de travail fariné jusqu'à ce qu'elle ne colle plus.

⑥ Couvrez d'un torchon et **laissez lever pendant 2 h** à température ambiante.

⑦ **Faites revenir les grattons dans une poêle** chaude. Laissez-les tiédir.

⑧ **Incorporez les grattons à la pâte.**

⑨ **Formez une couronne** sur un plan de travail fariné. **Laissez lever encore 15 min.**

⑩ Préchauffez le four à 210 °C (th. 7).

⑪ **Dorez la couronne** avec l'œuf restant battu.

⑫ **Enfournez** et laissez cuire **45 min.**

⑬ Servez tiède à l'apéritif.

GALETTES DE POMMES DE TERRE

Pour 4 personnes :

Très facile 😊 - Bon marché 💰💰💰

Préparation 20 min - Cuisson 15 min

Persil (¼ de bouquet)
Pommes de terre (6)
Oignons (2)
Œufs (2)
Farine (3 c. à soupe)
Huile d'olive
Sel, poivre

① **Épluchez puis râpez les pommes de terre et les oignons.**

② Lavez et **hachez finement le persil.**

③ Dans un saladier, **mélangez les pommes de terre, les oignons, la farine et les œufs, salez et poivrez.**

④ Dans une poêle, **faites chauffer environ 1 cm d'huile.**

⑤ Quand elle est bien chaude, **déposez des galettes de mélange aux pommes de terre** que vous aurez formées et égouttées en les pressant un peu entre vos mains.

⑥ **Saupoudrez de persil.**

⑦ **Retournez les galettes au bout d'une dizaine de minutes** et poursuivez la cuisson quelques minutes jusqu'à ce qu'elles soient bien dorées.

66 J'ai ajouté du comté râpé et de la muscade. Un régal ! 99
mathildoudinette

43

ENTRÉES

“Excellente recette. J'ai fait
une fougasse avec du Boursin
et du saumon fumé, c'était vraiment
excellent ! ” missnana73

FOUGASSE AUX OLIVES ET AUX LARDONS

Pour 4 personnes :

Très facile ☺ - Bon marché ⊚⊚⊚
Préparation 30 min - Repos 1 h 30
Cuisson 25 min

Lardons (50 g)
Olives noires (10)
Levure de boulanger (20 g)
Crème fraîche (4 c. à soupe)
Farine (500 g)
Oignon (1)
Jaune d'œuf (1)
Huile d'olive
Sel

Astuce :
Pour éviter que la pâte ne sèche au moment de la levée, couvrez le saladier d'un film alimentaire huilé.

① Dans un bol, **délayez la levure** dans un peu d'eau tiède.

② Préparez une pâte à pain : **mettez la farine dans un saladier, ajoutez une pincée de sel, la levure, un filet d'huile d'olive, puis ajoutez de l'eau (environ 20 à 30 cl) et pétrissez jusqu'à obtenir une pâte élastique** qui ne colle pas aux mains.

③ Couvrez et **laissez lever pendant 1 h 30** dans un endroit chaud et à l'abri des courants d'air.

④ Préchauffez le four à 200 °C (th. 6-7).

⑤ Dénoyautez puis **coupez les olives en deux ou en trois.**

⑥ Épluchez et **hachez en petits morceaux l'oignon.**

⑦ **Divisez la pâte en deux.**

⑧ **Abaissez le premier pâton** comme pour une tarte.

⑨ **Étalez 2 c. à soupe de crème fraîche sur la moitié du disque.**

⑩ **Répartissez les lardons, l'oignon et les olives sur la crème.**

⑪ **Refermez comme un chausson.**

⑫ À l'aide d'un couteau tranchant, **tailladez le dessus du chausson** jusqu'aux ingrédients en écartant les ouvertures pratiquées (vous pouvez pincer la pâte avec les doigts).

⑬ **Déposez la fougasse dans une tourtière** ronde (ou un plat à manqué), préalablement farinée.

⑭ **Préparez la seconde fougasse** que vous mettrez dans la même tourtière.

⑮ **Badigeonnez les fougasses de jaune d'œuf.**

⑯ **Enfournez** et laissez cuire **20 à 25 min.**

Top des avis :

66 Réalisée également avec du roquefort, des noix et du jambon fumé : une réussite. 99 Nicelo

66 J'ai remplacé la crème fraîche par de la sauce tomate. Chaud, à l'apéritif, cela fait sensation ! 99 Charlotte_428

Préparer un oignon

« Excellente ! Faite avec une pâte brisée et du fromage de chèvre à la place du fromage de brebis. »
shuly

« Très bonne recette. Afin que les aubergines ne boivent pas trop d'huile, faites-les cuire à la vapeur et surtout égouttez-les pendant 1 heure (ou plus). »
Gourmince

PYRÉNÉES-ATLANTIQUES

TARTE À LA PIPERADE

recette proposée par **ingrid_58**

Pour 6 personnes :

Facile ◑ - Bon marché ⚫◎◎
Préparation 30 min - Cuisson 50 min

Pâte feuilletée ou brisée (1 rouleau)
Poivrons (1 jaune, 1 rouge, 1 vert)
Fromage de brebis
type Etorki (125 g)
Tomates (2) - Courgettes (2)
Oignon (1) - Œufs (3)
Huile d'olive - Beurre - Sel, poivre

Préparer une courgette

① Lavez puis **émincez l'oignon, les poivrons, les tomates et les courgettes.**

② **Faites chauffer un peu d'huile dans une poêle. Faites-y revenir l'oignon. Ajoutez les poivrons puis les courgettes et les tomates.** Salez un peu et poivrez.

③ **Laissez cuire 20 à 25 min** en remuant régulièrement.

④ Dans un bol, **battez les œufs en omelette.**

⑤ **Râpez le fromage.**

⑥ Préchauffez le four à 200 °C (th. 6-7).

⑦ **Laissez refroidir les légumes puis ajoutez les œufs battus et le fromage râpé.** Mélangez bien.

⑧ **Déroulez la pâte dans un moule à tarte** préalablement **beurré.** Piquez le fond avec une fourchette.

⑨ **Versez la préparation** sur la pâte **puis enfournez 25 min.**

PROVENCE-ALPES-CÔTE D'AZUR

CAVIAR D'AUBERGINE

recette proposée par **Marjorie_6**

Pour 6 personnes :

Facile ◑ - Bon marché ⚫◎◎
Préparation 15 min - Cuisson 45 min

Aubergines (2 grosses)
Marjolaine (½ c. à café)
Paprika doux (1 c. à soupe)
Cumin (1 c. à soupe)
Ail (2 gousses hachées)
Huile d'olive (10 cl)
Sel, poivre (½ c. à café)

① **Pelez les aubergines, faites-les cuire à l'eau bouillante,** avec 3 c. à café de sel, pendant 10 à 15 min.

② **Égouttez-les** et laissez-les refroidir dans une passoire.

③ **Mixez les aubergines très finement** jusqu'à ce qu'elles prennent une consistance crémeuse.

④ **Chauffez l'huile dans une poêle et faites-y revenir le hachis d'aubergines avec l'ail. Salez et poivrez, ajoutez le paprika et la marjolaine.**

⑤ Mélangez et **laissez réduire à feu doux pendant 30 minutes.**

⑥ **Versez dans un plat, arrosez d'un peu d'huile d'olive, saupoudrez de cumin** et servez.

"Excellent! Je n'avais pas de câpres, j'ai mis quelques cornichons, très bon."
Joeric

PROVENCE-ALPES-CÔTE D'AZUR

TAPENADE
recette proposée par **valerie_212**

Pour 6 personnes :
Très facile ⊕ - Moyen ©©©
Préparation 15 min

Olives noires dénoyautées (250 g)
Anchois à l'huile (6 filets)
Câpres au vinaigre (3 c. à café)
Ail (1 gousse) - Huile d'olive (10 cl)

La recette filmée
de la tapenade noire

1. **Hachez au couteau les olives. Pelez et dégermez la gousse d'ail.**
2. **Égouttez les filets d'anchois** et séchez-les sur du papier absorbant. Détaillez-les grossièrement.
3. **Égouttez les câpres.**
4. **Mixez finement les olives, les anchois et les câpres.**
5. **Ajoutez l'huile d'olive en filet** afin d'obtenir une pâte souple.
6. Servez.

Top des avis :

"J'ai utilisé des olives noires de Kalamata en saumure et une grosse gousse d'ail. Je trouve que les dosages sont parfaits." Nora_9

ANCHOÏADE CAMARGUAISE

recette proposée par **Jacqueline**

Pour 8 personnes :
Facile ☕ - Bon marché ☕☕☕
Préparation 15 min

Filets d'anchois en saumure ou à l'huile d'olive (200 g)
Mie de pain (50 g)
Huile d'olive (25 cl)
Vinaigre de vin (1 c. à soupe)
Ail (1 ou 2 gousses)

① **Rincez les anchois** en saumure. Si vous utilisez des anchois à l'huile, égouttez-les.

② **Coupez les anchois en morceaux.**

③ **Faites tremper la mie de pain** dans de l'eau.

④ Épluchez et **hachez l'ail.**

⑤ Dans un mixeur, **placez les anchois, l'ail, le vinaigre et la mie de pain essorée. Mixez.**

⑥ **Ajoutez l'huile en filet en mixant entre chaque ajout** : on obtient ainsi une sorte de pommade très ferme.

⑦ **Dégustez** sur du pain de campagne ou de la fougasse légèrement grillée, accompagnée de légumes crus.

Top des avis :

❝ Au lieu de mettre 200 g d'anchois, j'en ai mis 120 g et j'ai complété par environ 50 g d'olives vertes dénoyautées, et autant d'olives noires. Mes invités ont adoré ! ❞ **diamso**

49
ENTRÉES

❝ J'ai ajouté 1 c. à café de fromage blanc pour adoucir mon anchoïade. ❞
Lnb59

ALSACE
FLAMMEKUECHE

Pour 4 personnes :
Très facile ☺ - Bon marché ©©©
Préparation 30 min - Cuisson 10 min

Pâte à pain (500 g)
Lardons fumés (120 g)
Huile de colza (1 c. à soupe)
Oignons (2 gros)
Crème fraîche épaisse (40 cl)
Noix de muscade
Beurre
Sel, poivre

❶ Préchauffez le four à 270 °C (th. 9).

❷ **Étalez la pâte** de manière à obtenir un rectangle fin.

❸ **Déposez la pâte sur la plaque du four** préalablement beurrée ou recouverte de papier sulfurisé.

❹ Épluchez et **émincez les oignons**.

❺ **Répartissez les oignons et les lardons sur la pâte.**

❻ Dans un bol, **assaisonnez la crème fraîche de sel, de poivre et de noix de muscade.**

❼ **Répartissez la crème assaisonnée sur la pâte.**

❽ **Arrosez le tout d'huile de colza.**

❾ **Enfournez** et laissez cuire **5 à 8 minutes**. Dégustez bien chaud.

LORRAINE

QUICHE LORRAINE

Pour 4 personnes :

Très facile ⊕ - Bon marché ⊚⊚⊚
Préparation 15 min - Cuisson 45 min

Pâte brisée (200 g)
Lardons (200 g)
Œufs (3) - Beurre (30 g)
Crème fraîche (20 cl) - Lait (20 cl)
Muscade - Sel, poivre

La recette filmée de la quiche
lorraine

① Préchauffez le four à 180 °C (th. 6).

② **Étalez la pâte dans un moule** préalablement **beurré**, piquez le fond avec une fourchette.

③ **Faites rissoler les lardons** dans une poêle.

④ **Répartissez-les sur le fond de pâte.**

⑤ **Parsemez de copeaux de beurre.**

⑥ Dans un grand bol, **battez les œufs, la crème fraîche et le lait. Assaisonnez avec du sel, du poivre et de la muscade.**

⑦ **Versez la préparation sur les lardons.**

⑧ **Enfournez** et laissez cuire **30 min**.

FLAMICHE AUX POIREAUX

Pour 4 personnes :

Très facile ☺ - Bon marché ●●●
Préparation 15 min - Cuisson 45 min

Lardons fumés (200 g)
Blancs de poireau (500 g)
Pâte feuilletée ou brisée (1 rouleau)
Farine (4 c. à soupe)
Lait (25 cl) - Œufs (3)
Gruyère râpé (75 g)
Sel, poivre

Astuce :
Cette flamiche se congèle parfaitement bien. Réduisez cependant le temps de cuisson à 20 min.

① Préchauffez le four à 180 °C (th. 6).

② Lavez et **émincez les blancs de poireau.**

③ **Faites-les blanchir** quelques minutes dans une casserole d'eau bouillante.

④ **Faites revenir les lardons** dans une poêle.

⑤ Hors du feu, **ajoutez la farine.** Mélangez jusqu'à l'obtention d'un mélange homogène mais épais.

⑥ **Ajoutez les blancs de poireau.** Assaisonnez.

⑦ **Délayez avec le lait** pour obtenir une béchamel épaisse.

⑧ **Séparez les blancs des jaunes d'œufs.**

⑨ **Ajoutez les 3 jaunes d'œufs** un à un en remuant énergiquement.

⑩ **Ajoutez 50 g de gruyère râpé.**

⑪ Dans un saladier, **battez les blancs d'œufs en neige.**

⑫ **Incorporez-les délicatement à la préparation.**

⑬ **Déposez la pâte dans un moule** recouvert de papier sulfurisé. **Recouvrez-la avec la préparation aux poireaux.**

⑭ **Saupoudrez de gruyère râpé.**

⑮ **Enfournez** et laissez cuire **30 min.**

Préparer un poireau

Top des avis :

❝Recette réalisée sans pâte. J'ai cuit la préparation directement dans un moule à tarte en silicone, j'ai ajouté un oignon, de la muscade et du parmesan. Nous nous sommes régalés !❞ brick

❝Un pur délice ! Comme j'ai choisi la pâte feuilletée, j'en ai couvert le fond de moutarde. C'était juste parfait.❞ EdwonDimariel

"Pour ma part, j'ai mis 3 blancs de poireau préalablement blanchis pendant 10 min, 200 g de lardons, 2 c. à soupe de Maïzena, 30 cl de lait, un peu de bouillon de légumes pour rehausser le goût et les 3 œufs."
Arml74

TARTE DU BOCAGE NORMAND

Pour 6 personnes :
Très facile ✦ - Bon marché ©©©
Préparation 15 min - Cuisson 45 min

Pâte feuilletée (1 rouleau)
Lardons fumés (150 g)
Cidre brut (20 cl)
Pommes (3)
Oignons (2)
Œufs (4)
Huile d'olive
Beurre
Sel, poivre

① Préchauffez le four à 180 °C (th. 6).

② Épluchez et **émincez les oignons**.

③ **Faites-les revenir dans une poêle avec un peu d'huile d'olive**.

④ Lorsqu'ils sont dorés, **ajoutez les lardons et faites-les revenir** quelques minutes.

⑤ **Couvrez avec le cidre** et laissez cuire **une dizaine de minutes. Réservez le jus de la cuisson**.

⑥ **Épluchez les pommes**, ôtez le cœur et **coupez-les en lamelles**.

⑦ **Déroulez la pâte dans un moule à tarte** préalablement beurré. Piquez le fond avec une fourchette.

⑧ **Disposez les lamelles de pommes sur le fond de tarte puis le mélange oignons-lardons**.

⑨ Dans un bol, **battez les œufs, salez et poivrez. Versez un peu de jus de cuisson**.

⑩ **Versez les œufs sur la garniture**.

⑪ **Enfournez** et laissez cuire **30 min**.

❝Très très bon,
j'ai rajouté dessus des dés
de camembert et mes invités
ont adoré.❞
Mélanie_16

> « Très bonne tourte ! Bravo ! J'ai juste ajouté de la ciboulette dans la préparation. »
> Ladrine

RHÔNE-ALPES

TOURTE À LA TOMME DE SAVOIE

recette proposée par **apaule**

Pour 8 personnes :

Très facile 🍳 - Moyen 🍳🍳🍳
Préparation 15 min - Cuisson 40 min

Tomme de Savoie (200 g)
Chiffonnade de jambon cru (50 g)
Pâte feuilletée (2 rouleaux)
Pommes de terre moyennes (1 kg)
Lait (20 cl)
Crème fraîche (20 cl)
Œufs (2)
Jaune d'œuf (1)
Beurre
Sel, poivre

1. Préchauffez le four à 210 °C (th. 7).

2. Épluchez puis **râpez les pommes de terre**. Placez-les dans une passoire, **rincez-les et laissez-les s'égoutter**.

3. **Coupez la tomme en petits dés.**

4. Dans un saladier, **mélangez le lait, la crème fraîche et les œufs entiers**.

5. **Ajoutez les pommes de terre râpées et le jambon cru.** Salez un peu et poivrez.

6. Dans un moule à tarte préalablement beurré, **étalez le premier rouleau de pâte, versez la garniture puis répartissez les dés de tomme sur le dessus. Recouvrez avec la seconde pâte et soudez bien les bords** des deux pâtes.

7. **Piquez la pâte avec la pointe d'un couteau** et **badigeonnez-la de jaune d'œuf battu**.

8. **Faites cuire 40 min au four.**

❝Pour plus de goût, je remplace 5 cl de crème par 5 cl de bière et je poivre le tout.❞
Alexandra_323

❝Ma petite touche personnelle : j'ajoute toujours, avant d'abaisser la seconde pâte, une demi-brousse pour le côté gourmand !❞
lezefix

NORD-PAS-DE-CALAIS
TARTE AU MAROILLES

Pour 4 personnes :
Très facile ☺ - Moyen ©©©
Préparation 25 min - Cuisson 10 min

Pâte à pain ou à pizza (1 rouleau)
Maroilles (300 g)
Crème fraîche épaisse (20 cl)
Jaune d'œuf (1) - Paprika

Foncer un moule à tarte

❶ Préchauffez le four à 240 °C (th. 8).

❷ **Étalez la pâte. Garnissez-en un moule à tarte** préalablement recouvert de papier sulfurisé.

❸ **Grattez la croûte du maroilles** (ne la retirez pas). **Coupez-le en tranches fines.**

❹ **Déposez les tranches de maroilles sur le fond de tarte.**

❺ Dans un bol, **mélangez la crème fraîche et le jaune d'œuf. Ajoutez un peu de paprika** et mélangez.

❻ **Versez la crème sur le fromage.**

❼ **Enfournez** et laissez cuire **10 min.**

CORSE
TOURTE AUX HERBES

recette proposée par **Jeanne**

Pour 4 personnes :
Très facile ☺ - Bon marché ©©©
Préparation 25 min - Cuisson 45 min

Pâte feuilletée (2 rouleaux)
Blettes (300 g)
Menthe fraîche (1 bouquet)
Oignons (2)
Ail (1 gousse)
Huile d'olive
Beurre
Sel, poivre

❶ Préchauffez le four à 180 °C (th. 6).

❷ **Beurrez un moule à tarte et déposez-y la première pâte.**

❸ Épluchez et **émincez les oignons.**

❹ **Émincez le blanc et le vert des blettes.**

❺ Épluchez et **hachez l'ail.** Lavez et **ciselez la menthe.**

❻ Dans une poêle, **faites revenir les oignons** dans un peu d'huile d'olive.

❼ **Ajoutez les blettes, l'ail et la menthe.** Salez et poivrez généreusement.

❽ **Laissez cuire sur feu moyen** jusqu'à ce que les légumes aient rendu toute leur eau.

❾ **Versez la garniture sur la pâte.**

❿ **Couvrez avec la seconde pâte feuilletée** et soudez bien les bords.

⓫ **Enfournez** et laissez cuire **30 min** : la tourte doit être bien dorée.

PISSALADIÈRE NIÇOISE

Pour 6 personnes :
Très facile ⊕ - Bon marché ●©©
Préparation 25 min - Cuisson 40 min

Garniture
Crème d'anchois (1 c. à soupe)
Anchois (8)
Olives noires (8)
Oignons (6 à 8)
Huile d'olive (3 c. à soupe)
Herbes de Provence - Sel

Pâte
Farine (200 g)
Levure chimique (½ sachet)
Huile de tournesol (10 cl)
Sel

Astuce :
Pour aller plus vite, remplacez la pâte à pain par un rouleau de pâte feuilletée prête à l'emploi.

① Préchauffez le four à 200 °C (th. 6-7).

② <u>Pour la pâte :</u> **diluez la levure** dans un bol avec de l'eau tiède.

③ **Mettez la farine dans un saladier. Ajoutez une pincée de sel.**

④ **Ajoutez l'huile de tournesol. Malaxez à la main.**

⑤ **Incorporez la levure.** Rajoutez si besoin de l'eau tiède pour obtenir une pâte souple et élastique.

⑥ Déposez un papier absorbant sur la pâte puis **placez-la au réfrigérateur.**

⑦ <u>Pour la préparation :</u> épluchez et **coupez en morceaux moyens les oignons.**

⑧ Faites chauffer l'huile d'olive dans une grande poêle, **versez les oignons, mélangez puis laissez cuire à feu doux.**

⑨ Quand les oignons commencent à prendre des couleurs, **salez et saupoudrez d'un peu d'herbes.**

⑩ **Poursuivez la cuisson à feu doux jusqu'à ce que les oignons caramélisent.**

⑪ **Étalez la pâte puis déposez-la sur une plaque huilée.**

⑫ **Badigeonnez le fond de pâte de crème d'anchois.**

⑬ **Répartissez les oignons caramélisés dessus.**

⑭ **Disposez les olives puis un anchois entre chaque olive.**

⑮ **Enfournez** et laissez cuire **30 min.**

<u>Top des avis :</u>

66 J'ai remplacé l'huile de tournesol par 5 c. à soupe d'huile d'olive pour la pâte. J'ai fait déglacer les oignons au vin blanc et ajouté un peu de moutarde en fin de cuisson. 99 **douanmali**

TATINS DE BOUDIN ANTILLAIS

Pour 8 personnes :

Très facile ☺ - Bon marché ☺☺☺
Préparation 30 min - Cuisson 30 min

Pâte feuilletée (2 rouleaux)
Boudin antillais (800 g)
Oignons (3)
Beurre (50 g)

Préparer un oignon

1. Préchauffez le four à 200 °C (th. 6-7).
2. Épluchez et **émincez finement les oignons.**
3. **Faites fondre le beurre** dans une poêle puis **faites-y revenir les oignons** une dizaine de minutes.
4. **Découpez 8 disques de pâte** de la taille de vos moules à tartelettes.
5. **Beurrez les moules à tartelettes.**
6. **Coupez le boudin en tranches** puis **disposez-les dans le fond des moules.**
7. **Répartissez les oignons.**
8. **Déposez un disque de pâte** sur chaque moule en enfonçant la pâte.
9. **Enfournez** et laissez cuire **15 à 20 min.**
10. Démoulez et mangez chaud.

Top des avis :

❝ J'ai rajouté des petits cœurs d'artichaut, ça a adouci le goût de piment prononcé du boudin antillais ! ❞ **cess**

❝ Tout le monde a adoré. J'ai ajouté des petites lamelles de pommes au fond du moule. ❞ **licorice**

> **Très bon, j'ai ajouté des lardons et un oignon.**
> laetitia_1567

ALSACE
TOURTE AU MUNSTER

recette proposée par **Veronique_280**

Pour 6 personnes :

Très facile ⊕ - Bon marché ●©©
Préparation 10 min - Cuisson 35 min

Pâte feuilletée (2 rouleaux)
Munster (1)
Pommes de terre (250 g)
Crème fraîche épaisse (150 ml)
Œufs (3)
Cumin
Beurre
Sel, poivre

① Préchauffez le four à 210 °C (th. 7).

② **Étalez un rouleau de pâte feuilletée dans un plat à tarte** préalablement beurré.

③ Pelez et **coupez les pommes de terre en rondelles. Faites-les cuire** à l'eau dans une grande casserole.

④ Dans un saladier, **mélangez les œufs, la crème fraîche, du sel, du poivre et une pincée de cumin.**

⑤ **Coupez le munster en fines lamelles.**

⑥ **Disposez toutes les pommes de terre sur le fond de la pâte, couvrez d'une couche de munster puis versez la crème.**

⑦ **Déposez la seconde pâte feuilletée** puis soudez bien les bords entre eux. **Enfournez** et laissez cuire **35 min.**

> **Top des avis :**
>
> ❝ Je remplace la crème par un yaourt nature. Moins lourd et tout aussi bon. ❞ **Anonyme**

LES PLATS

S'il y a bien un moment où il faut
en faire tout un plat, c'est lorsque
s'annonce le plat principal.
La pièce maîtresse du repas, celle
que tout le monde attend, autour
de laquelle s'articule le repas.
Autant dire qu'elle a intérêt à susciter
de l'émotion! Et de l'émotion, vous
allez en avoir avec les plats du
terroir : plaisir des papilles, joie de
préparer des recettes qui nous
rappellent des souvenirs… Bref,
que du bonheur !

DAUBE PROVENÇALE

recette proposée par **Jacqueline**

<u>Pour 8 personnes :</u>

Facile ◖ - Moyen ●●◐

Préparation 20 min - Cuisson 1 h 40

Marinade 12 à 24 h

Viande de bœuf pour daube
type paleron (2 kg)
Olives noires dénoyautées (300 g)
Orange séchée (1 tranche)
Vin rouge type gigondas (75 cl)
Carotte (1)
Coulis de tomate (2 c. à soupe)
Oignon (1)
Laurier (2 feuilles)
Ail (2 gousses)
Thym (1 bouquet)
Huile d'olive (4 c. à soupe)
Sel, poivre

Astuce :
À défaut de cocotte-minute, utilisez une cocotte en fonte et laissez cuire 2 bonnes heures.

① <u>La veille :</u> **coupez la viande en gros morceaux.**

② **Épluchez l'oignon et la carotte. Coupez-les en petits morceaux.**

③ **Épluchez l'ail.**

④ **Émincez l'orange.**

⑤ Dans un saladier, **mettez la viande, l'oignon, la carotte, l'ail, le thym, le laurier, du poivre et l'écorce d'orange.**

⑥ **Versez le vin et laissez macérer 12 à 24 h** au frais.

⑦ <u>Le jour J :</u> **égouttez la viande puis faites-la revenir dans une sauteuse,** dans 2 c. à soupe d'huile très chaude, morceau après morceau.

⑧ **Déposez la viande dans un auto-cuiseur.**

⑨ Dans une casserole, **portez la marinade et ses ingrédients à ébullition** pendant 5 min.

⑩ **Versez sur la viande,** salez (un peu) **et ajoutez le coulis de tomate.**

⑪ **Fermez l'auto-cuiseur et laissez cuire** à feu moyen-doux pendant **1 h 30** à partir de la rotation de la soupape.

⑫ **Laissez refroidir la cocotte, ouvrez et ajoutez les olives noires et 2 c. à soupe d'huile d'olive.** Mélangez puis servez.

<u>Top des avis :</u>

66 Cette daube a fait l'unanimité autour de la table. Pour ma part, j'ai mis dans la marinade le jus d'une demi-orange maltaise. 99 **Sandetmate**

66 Je n'ai pas mis d'écorce d'orange mais j'ai ajouté du lard coupé grossièrement. C'était simplement délicieux. 99 **Mitch84400**

> **❝**Pour la viande, j'ai choisi du rumsteck : c'est plus cher mais qu'est-ce que c'est bon !**❞**
> **lionbleu**

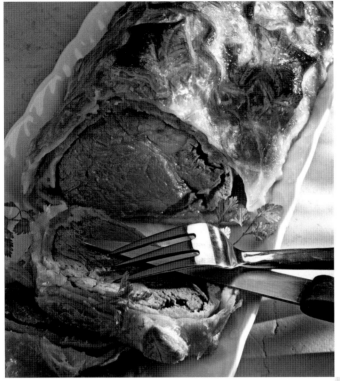

" J'ai badigeonné le fond de la pâte avec de la moutarde et j'ai fait revenir le rôti la veille. **"**
Capa

" Comme viande, j'ai utilisé de la poire et j'ai ajouté de la farine dans le dernier quart d'heure de cuisson pour ne pas avoir une sauce trop liquide. **"**
Sculder01

FILET DE BŒUF EN CROÛTE

recette proposée par **Petitchef**

Pour 8 personnes :

Facile ◐ - Moyen ●●◐
Préparation 20 min - Cuisson 45 min
Repos 1 h

Filet de bœuf (1,5 kg)
Pâte à brioche ou pâte feuilletée
(750 g)
Jaune d'œuf (1)
Lait (2 c. à soupe)
Farine (30 g)
Beurre (25 g)
Huile (3 c. à soupe)
Sel, poivre

① **Faites dorer le filet de bœuf dans une cocotte** avec de l'huile et du beurre, quelques minutes sur chacune des faces.

② **Posez le filet sur une grille**, retirez la ficelle et **laissez-le s'égoutter** et refroidir complètement (comptez environ 1 h).

③ Préchauffez le four à 240 °C (th. 8).

④ Dans un bol, **mélangez le jaune d'œuf et le lait**.

⑤ **Étalez la pâte** sur une surface farinée et **badigeonnez-la de jaune d'œuf. Posez le filet au milieu de la pâte, rabattez les bords**, en appuyant bien sur les pliures pour les souder.

⑥ **Badigeonnez à nouveau de jaune d'œuf**.

⑦ **Réalisez un trou au centre de la pâte et déposez-y un petit cylindre de papier sulfurisé**.

⑧ **Enfournez** et laissez cuire **35 min** environ.

BŒUF BOURGUIGNON

Pour 4 personnes :

Facile ◐ - Moyen ●●◐
Préparation 1 h
Cuisson 5 h minimum
Repos 12 h

Bœuf pour bourguignon
(600 à 800 g)
Vin rouge (1 bouteille)
Carottes (4 ou 5)
Bouquet garni (1)
Champignons de Paris
en boîte (300 g)
Oignons (4 ou 5)
Beurre (100 g)
Sel, poivre

① <u>La veille</u> : **détaillez la viande en cubes** de 3 cm de côté.

② Épluchez puis **coupez les oignons** en morceaux. **Faites-les revenir** dans une poêle avec une noix de beurre. Versez-les dans une cocotte en fonte.

③ **Procédez de même avec la viande mais en plusieurs fois.** Ajoutez les morceaux au fur et à mesure dans la cocotte.

④ Quand toute la viande est dans la cocotte, **déglacez la poêle avec un peu de vin** (ou de l'eau). **Salez, poivrez et versez dans la cocotte.**

⑤ **Recouvrez le tout avec le reste du vin et laissez mijoter au moins 2 h avec le bouquet garni et les carottes** préalablement épluchées et coupées en morceaux.

⑥ <u>Le jour J</u> : **ajoutez les champignons égouttés puis faites de nouveau mijoter la viande pendant au moins 2 h.** Ajoutez du vin ou de l'eau si nécessaire.

BŒUF BRAISÉ AUX CAROTTES

Pour 6 personnes :

Facile ◖ - Moyen ●●◖
Préparation 40 min - Cuisson 2 h

Bœuf à bourguignon (1 kg)
Lardons (100 g)
Carottes (6)
Concentré de tomate
(1 petite boîte)
Oignons (2)
Laurier (1 feuille)
Thym (3 brins)
Sauge (1 feuille)
Ail (2 gousses)
Bouillon de bœuf (1 cube)
Huile d'olive
Sel, poivre

① **Coupez la viande en morceaux.**

② Épluchez et **émincez les oignons.**

③ Épluchez et **coupez en tronçons les carottes.**

④ Épluchez, dégermez et **émincez l'ail.**

⑤ Dans une cocotte en fonte, **faites chauffer un peu d'huile puis faites-y revenir les morceaux de viande.**

⑥ Retirez la viande puis **faites revenir dans la cocotte les oignons et les lardons.**

⑦ **Diluez le cube de bouillon** dans 50 cl d'eau.

⑧ **Ajoutez la viande et l'ail dans la cocotte, mélangez puis versez le bouillon, le concentré de tomate, les carottes et les herbes.**

⑨ Salez, poivrez, mélangez puis **laissez mijoter à couvert pendant 1 h 30.**

Top des avis :

❝Excellent ! J'ai rajouté du vin blanc.❞ treflouni

❝On s'est régalé ! Je n'ai pas mis de concentré de tomate mais des pruneaux !❞ caroleveugle

NORD-PAS-DE-CALAIS

BŒUF À LA BIÈRE DE JENLAIN

recette proposée par **jenlain**

Pour 6 personnes :

Facile ◕ - Moyen ◕◕◔
Préparation 35 min - Cuisson 1 h 20
Repos 8 h minimum

Paleron de bœuf (1 kg)
Jenlain (37,5 cl)
Carottes (3)
Tomates pelées (240 g)
Cassonade blonde (1 c. à soupe)
Baies de genièvre (quelques-unes)
Oignons (3)
Moutarde
Thym (3 brins)
Laurier (1 feuille)
Huile d'olive
Sel, poivre

① **Coupez les morceaux de bœuf. Frottez-les avec le thym.**

② Mettez-les dans un plat et **couvrez-les avec la Jenlain. Laissez mariner** au frais pendant au moins 8 h.

③ Épluchez puis **émincez les carottes et les oignons.**

④ **Badigeonnez les morceaux de viande de moutarde** puis **saupoudrez-les légèrement de cassonade.**

⑤ **Faites dorer la viande** dans un faitout avec un peu d'huile d'olive.

⑥ Retirez la viande et **faites-y revenir les oignons et les carottes.**

⑦ **Ajoutez le laurier, quelques baies de genièvre, salez, poivrez puis ajoutez la viande.**

⑧ **Mélangez puis laissez revenir** encore quelques minutes.

⑨ **Laissez mijoter au moins 1 h à feu doux.**

⑩ Vingt minutes avant la fin de la cuisson, **ajoutez les tomates.**

> **"** Je l'ai fait avec des cuisses de poulet, 20 min de cuisson sous pression après avoir fait revenir la viande. **"**
> **Helene_3019**

NORD-PAS-DE-CALAIS
WATERZOI DE POULET

Pour 6 personnes :
Facile ☺ - Bon marché ☺☺☺
Préparation 30 min - Cuisson 1 h 15

Poulet (1 gros) - Céleri (3 branches)
Poireaux (3) - Carottes (6)
Persil haché (1 c. à soupe)
Pommes de terre (3)
Bouquet garni (1)
Oignon (1) - Clou de girofle (1)
Cubes de bouillon de volaille (2)
Crème fraîche (2 c. à soupe)
Jaunes d'œufs (2) - Beurre - Sel, poivre

Réaliser un bouquet garni

❶ **Lavez les légumes, épluchez les carottes et les pommes de terre. Coupez les poireaux, les carottes et le céleri en lamelles et les pommes de terre en morceaux.**

❷ Épluchez et **piquez l'oignon d'un clou de girofle.**

❸ **Diluez les cubes de bouillon dans 1 l d'eau bouillante.**

❹ **Coupez le poulet en morceaux puis faites-le dorer** sur toutes ses faces dans une cocotte avec un peu de beurre.

❺ **Salez, poivrez, ajoutez les légumes découpés, l'oignon et le bouquet garni.** Poursuivez la cuisson.

❻ Après 10 min de cuisson, **mouillez avec le bouillon. Couvrez et laissez mijoter 45 min.**

❼ **Retirez les morceaux de poulet et les légumes.** Gardez-les au chaud.

❽ Peu avant de servir, **liez la sauce avec la crème fraîche et les jaunes d'œufs.**

❾ **Versez la sauce sur la viande et saupoudrez de persil.**

POULET BASQUAISE

Pour 4 personnes :

Facile ☺ - Bon marché ☺☺☺
Préparation 20 min
Cuisson 1 h

Poulet (1) - Vin blanc (20 cl)
Tomates (6) - Carottes (3)
Poivrons rouges (3)
Oignons (3) - Ail (3 gousses)
Bouquet garni (1)
Huile d'olive - Sel, poivre

Découper du poulet

❶ Épluchez et **émincez les oignons.** Épluchez et **pressez l'ail.**

❷ **Lavez les poivrons,** coupez-les en deux, ôtez le cœur et les graines puis **coupez-les en lanières.**

❸ **Épluchez les carottes** et **coupez-les en gros morceaux.**

❹ **Faites chauffer 4 c. à soupe d'huile** dans une cocotte. **Faites-y dorer les oignons, l'ail et les poivrons. Laissez cuire 5 min.**

❺ Lavez, épluchez et **coupez les tomates en morceaux. Ajoutez-les à la cocotte ainsi que les carottes.** Couvrez et **laissez mijoter 20 min.**

❻ **Coupez le poulet en 6 morceaux.**

❼ Dans une sauteuse, **faites dorer les morceaux de poulet** salés et poivrés dans de l'huile d'olive.

❽ **Ajoutez-les aux légumes,** ajoutez le bouquet garni et le vin blanc, couvrez et **laissez cuire 35 min.**

❝Très bon plat. Un petit conseil : déglacez le poulet au vin blanc au lieu de mettre le vin blanc dans la sauce immédiatement, c'est mieux pour récupérer le suc. ❞
Asiansay

« Un délice ! Je n'avais plus d'aubergine, je l'ai remplacée par une carotte. » **aicheml**

ANTILLES
COLOMBO DE POULET

recette proposée par **Marjolaine_3**

Pour 4 personnes :

Moyennement difficile ●
Bon marché ●©©
Préparation 40 min - Cuisson 1 h
Repos 12 h

Cuisses de poulet (4)
Aubergine (1)
Courgette (1)
Thym (3 c. à soupe)
Persil haché (2 c. à soupe)
Coriandre (1 c. à café)
Piment de Cayenne (½ c. à soupe)
Épices à colombo (3 c. à soupe)
Lait de coco (15 cl)
Citron (1)
Pommes de terre (3)
Ail (6 gousses)
Oignon (1)
Échalote (1)
Vinaigre (1 c. à soupe)
Huile de tournesol
Sel, poivre

Astuce :
Utilisez des blancs de poulet coupés en gros cubes.

Préparer des pommes de terre

1. <u>La veille</u> : épluchez et **hachez l'échalote.**

2. Pelez, dégermez et **écrasez 4 gousses d'ail.**

3. **Préparez la marinade** dans un bol **avec l'échalote, les 4 gousses d'ail, le vinaigre, 20 cl d'eau, la coriandre hachée et 1 c. à soupe d'épices à colombo.**

4. **Salez et poivrez les cuisses de poulet.** Placez-les dans un plat creux.

5. **Versez la marinade sur les cuisses de poulet,** filmez puis placez une nuit au réfrigérateur.

6. <u>Le jour J</u> : épluchez l'oignon et l'ail restant. **Émincez l'oignon et écrasez les gousses d'ail.**

7. **Épluchez les légumes et coupez-les en gros cubes.**

8. **Pressez le citron.**

9. Dans une grande cocotte, **faites chauffer un peu d'huile puis faites-y revenir l'oignon et l'ail.**

10. **Ajoutez le poulet et faites-le dorer** sur toutes ses faces en ajoutant peu à peu le jus de la marinade.

11. **Ajoutez les légumes, le jus de citron, le piment et les herbes. Laissez cuire 15 min** à couvert.

12. **Ajoutez les épices à colombo et mélangez bien. Laissez mijoter 15 min** toujours à couvert.

13. **Versez le lait de coco** et **laissez cuire encore 5 min,** non couvert à feu moyen.

14. Rectifiez l'assaisonnement et servez bien chaud avec du riz.

73
PLATS

Top des avis :

66 J'ai remplacé la pomme de terre par de la patate douce. La douceur de la patate douce atténue le côté pimenté du plat et apporte un bon équilibre. 99
Minouche40

POULET DE BRESSE AU VIN JAUNE ET AUX MORILLES

Pour 4 personnes :
Moyennement difficile ●
Moyen ●●●
Préparation 30 min - Cuisson 1 h

Poulet de Bresse (1,3 kg)
Vin jaune de Château-Chalon (25 cl)
Morilles fraîches (400 g) ou séchées (200 g)
Crème fraîche (50 cl) - Beurre (20 g)
Sel, poivre

Préparer des morilles

① **Nettoyez les morilles fraîches. Si elles sont sèches, réhydratez-les dans un bol d'eau tiède.**

② **Choisissez un poulet de Bresse bien en chair, découpez-le en quatre.**

③ **Assaisonnez les morceaux de poulet de sel et de poivre**, mettez-les dans une sauteuse et **faites-les colorer dans le beurre.**

④ Une fois que les morceaux ont un peu coloré, **dégraissez, ajoutez les morilles et faites revenir quelques minutes.**

⑤ **Déglacez avec le vin jaune.**

⑥ **Couvrez** puis **laissez cuire quelques minutes.**

⑦ **Ajoutez la crème fraîche sur les morceaux de poulet et poursuivez la cuisson 30 à 40 min.**

⑧ Rectifiez l'assaisonnement, **retirez les morceaux de poulet et laissez réduire la sauce** sur feu doux.

⑨ **Versez quelques gouttes de vin jaune sur les morceaux de poulet et servez.**

POULE AU POT À L'ANCIENNE

Pour 6 personnes :
Facile ● - Bon marché ●●●
Préparation 40 min
Cuisson 2 h 30

Poule (1) - Carottes (800 g)
Navets (300 g) - Poireaux (4)
Thym séché (1 c. à soupe)
Laurier (4 feuilles)
Oignon (1) - Clous de girofle (2)
Sel, poivre

① **Épluchez tous les légumes.**

② **Mettez la poule dans une grande marmite et couvrez d'eau. Portez à ébullition,** écumez régulièrement.

③ **Ajoutez les légumes** (pliez les poireaux en deux), **l'oignon** préalablement **piqué de clous de girofle, le laurier et le thym** préalablement hachés. Salez et poivrez.

④ **Couvrez et laissez cuire 2 h à 2 h 30 :** la chair de la poule doit se détacher.

⑤ Servez d'abord le bouillon dégraissé, puis la viande entourée des légumes.

“Une excellente recette ! J'ai ajouté des champignons de Paris ainsi que des échalotes.”
Castafiore

“Pour alléger un peu, j'ai retiré la peau de la poule avant cuisson. C'était parfait.”
ML33

GUADELOUPE
POULET BOUCANÉ
recette proposée par **mary97**

Pour 6 personnes :
Moyennement difficile ● - Moyen ●●●
Préparation 25 min - Repos 12 h
Cuisson 30 min

Poulet (1) - Piment frais (1)
Citrons verts (4)
Ail (6 gousses) - Oignons (3)
Échalotes (2) - Sel, poivre

Préparer une échalote

① <u>La veille :</u> **coupez le poulet en morceaux.**

② Épluchez l'ail, l'oignon et les échalotes. **Pressez l'ail, émincez les oignons et les échalotes.** Lavez, épépinez et **émincez le piment.**

③ **Pressez les citrons.**

④ **Mélangez tous les ingrédients dans un grand plat, assaisonnez et faites mariner le poulet** dans ce mélange pendant **12 h.**

⑤ <u>Le jour J :</u> préchauffez le four à 250 °C (th. 8-9). Déposez une plaque à four sous la grille.

⑥ **Disposez les morceaux de poulet sur la grille chaude et laissez cuire 20 à 30 min** en arrosant régulièrement le poulet de marinade.

⑦ Servez les morceaux de poulet avec du riz.

NORD-PAS-DE-CALAIS
POULET AU MAROILLES
recette proposée par **delicious81**

Pour 4 personnes :

Très facile ⊕ - Bon marché
Préparation 5 min - Cuisson 20 min

Escalopes de poulet (4)
Maroilles (200 g)
Crème fraîche (30 cl) - Riz (150 g)
Curry (1 c. à café)
Huile d'arachide
Sel, poivre

① **Faites cuire le riz** dans une casserole d'eau bouillante salée.

② Pendant ce temps, **coupez les escalopes de poulet en dés**.

③ **Retirez la croûte du maroilles et coupez-le en morceaux**.

④ **Faites revenir les dés de poulet dans une poêle avec un peu d'huile** jusqu'à ce qu'ils soient bien dorés et cuits. Salez et poivrez.

⑤ **Saupoudrez de curry et mélangez bien**.

⑥ **Ajoutez le maroilles, laissez-le fondre** puis remuez vivement afin qu'il n'attache pas à la poêle.

⑦ **Versez la crème fraîche et mélangez** le tout jusqu'à l'obtention d'une crème homogène.

⑧ **Laissez mijoter quelques minutes**.

⑨ Servez accompagné du riz.

PINTADE AUX POMMES

Pour 4 personnes :

Facile ● - Moyen ●●©
Préparation 30 min
Cuisson 1 h 45

Pintade (1)
Pommes granny-smith ou golden (6)
Cidre (50 cl) - Lard (1 petite barde)
Calvados (3 c. à soupe)
Beurre (10 g) - Sel, poivre

Préparer une pomme

① Préchauffez le four à 210 °C (th. 7).

② **Enveloppez la pintade dans la barde de lard** après l'avoir salée et poivrée.

③ **Faites revenir la pintade** dans une cocotte avec le beurre pour qu'elle soit bien dorée. Sortez la pintade de la cocotte et jetez la graisse.

④ **Épluchez les pommes puis coupez-les en gros quartiers.**

⑤ **Recouvrez le fond de la cocotte avec les quartiers de pommes.**

⑥ **Déposez la pintade dessus puis arrosez avec le cidre et le calvados.**

⑦ **Placez la cocotte au four** avec le couvercle et laissez cuire pendant **1 h 30**.

⑧ Servez la pintade entourée des pommes.

66 J'ai ajouté quelques pommes de terre Ratte avec les pommes et j'ai fait cuire le tout à la cocotte-minute pendant 20 min. 99
valou6663

> 66 Je n'avais pas de rhum blanc alors j'ai mis du brun, mais j'en ai mis un peu plus, cela a fait ressortir le goût de la vanille. 99
> Rattana

LA RÉUNION

CANARD À LA VANILLE

Pour 4 personnes :

Facile ⊙ - Moyen ⊙⊙⊙
Préparation 15 min - Cuisson 20 min

Magrets de canard (2)
Rhum blanc (2 c. à soupe)
Vanille en poudre (½ c. à café)
Oignon (1)
Concentré de tomate (1 c. à café)
Sucre (1 c. à café bombée)
Farine (1 c. à soupe rase)
Sel

① Épluchez et **émincez l'oignon.**

② Dans une casserole à fond épais, **faites revenir les magrets** côté peau en premier sans ajouter de matières grasses.

③ Jetez la graisse rendue par la viande. **Ajoutez l'oignon** préalablement **émincé** et laissez-le fondre.

④ **Ajoutez la vanille, le sucre, le rhum et flambez.**

⑤ **Saupoudrez de farine, ajoutez le concentré de tomate, un petit verre d'eau et salez.**

⑥ Mélangez bien et **laissez juste reprendre l'ébullition** pour des magrets saignants (un peu plus suivant les goûts de cuisson).

⑦ Servez immédiatement avec du riz blanc à la créole.

Top des avis :

66 Sublime ! J'ai mis deux bâtons de vanille à la place de la vanille en poudre, c'était extra ! 99 **Carole84120**

GARBURE LANDAISE

recette proposée par **bruno_41**

Pour 2 personnes :
Facile ● - Moyen ●●●
Préparation 30 min - Cuisson 1 h 40

Cuisses de canard confites (2)
Navet (1)
Carottes (3)
Poireau (1)
Chou vert (¼)
Pommes de terre (2 grosses)
Oignon (1)
Piment d'Espelette (2 pincées)
Sel, poivre

Astuce :
Pour encore plus de goût, ajoutez 400 g de poitrine fumée coupée en lardons.

① **Pelez les pommes de terre, le navet, les carottes et l'oignon.**

② **Lavez bien les feuilles du chou et le poireau.**

③ **Coupez les pommes de terre en petits morceaux. Coupez l'oignon et le navet en quatre.**

④ **Coupez en petites rondelles les carottes et le poireau.**

⑤ **Émincez les feuilles de chou en fines lanières.**

⑥ Dans une cocotte, **faites suer dans un peu de graisse de canard les carottes, le navet et l'oignon pendant 10 min** à feu moyen en remuant de temps en temps.

⑦ **Ajoutez les rondelles de poireau et les lanières de chou,** remuez et **laissez cuire 5 min.**

⑧ **Recouvrez d'eau,** salez et poivrez, remuez encore.

⑨ Couvrez la cocotte et **laissez cuire 45 min** sur feu fort.

⑩ **Remuez de temps en temps** et vérifiez le niveau de l'eau, rajoutez-en si besoin.

⑪ **Ajoutez les pommes de terre, un peu d'eau si nécessaire et le piment d'Espelette.** Remuez, couvrez et **laissez cuire 20 min**, toujours sur feu fort.

⑫ Pendant ce temps, **faites réchauffer les 2 cuisses de canard confites** dans une casserole sur feu fort.

⑬ Vingt minutes après l'ajout des pommes de terre, **ajoutez les confits de canard et un peu de graisse. Laissez mijoter 20 min**, sans couvercle, sur feu moyen.

Préparer un navet

Top des avis :

66 En ajoutant des haricots blancs, cela devient un plat parfait pour l'hiver. 99 **florence_3139**

66 Excellent ! Recette à recommander pour sa simplicité, malgré le temps de préparation ! 99 **Eric86**

66 Simple, savoureux et reconstituant !
J'ajoute juste une ou deux gousses d'ail
dès le début pour un goût du bouillon
plus prononcé. **99**
Aziliz33

LA RÉUNION
MAGRET DE CANARD AUX LITCHIS

recette proposée par **looneytoon**

<u>Pour 2 personnes :</u>
Très facile ⊕ - Moyen ☺☺☺
Préparation 5 min - Cuisson 15 min

Magret de canard (1)
Litchis au sirop (1 boîte)
Oignon (1)
Sel, poivre

① Épluchez et **émincez l'oignon.**

② **Dans une poêle**, sur feu doux, **déposez le magret de canard côté graisse. Couvrez et laissez griller.**

③ **Retournez le magret et poursuivez la cuisson 5 à 10 min :** réalisez une entaille au centre du magret afin de vérifier sa cuisson.

④ Lorsqu'il est cuit, mettez le magret de côté et, toujours sur feu doux, **faites dorer l'oignon dans la graisse du magret.**

⑤ **Ajoutez les litchis** préalablement **égouttés** et laissez cuire le mélange jusqu'à ce que le jus de cuisson ait réduit.

⑥ **Salez, poivrez puis servez**.

FRANCE

BLANQUETTE DE VEAU

recette proposée par **Lilia1**

Pour 4 personnes :
Très facile ⊕ - Moyen ☺☺☺
Préparation 15 min
Cuisson 2 h 15

Veau (1 kg, coupé en morceaux)
Bouillon de poulet (1 cube)
Bouillon de légumes (1 cube)
Vin blanc (25 cl) - Carottes (2 ou 3)
Champignons de Paris
(1 petite boîte)
Jus de citron (1 filet)
Crème fraîche (20 cl)
Oignon (1) - Jaune d'œuf (1)
Farine - Beurre - Sel, poivre

❶ Dans une cocotte, **faites revenir les morceaux de veau dans une grosse noix de beurre jusqu'à ce qu'ils soient un peu dorés.** Salez et poivrez.

❷ **Saupoudrez de 2 c. à soupe de farine, remuez bien puis ajoutez 2 ou 3 verres d'eau** et remuez de nouveau. **Ajoutez les 2 cubes de bouillon, le vin et couvrez d'eau.**

❸ **Épluchez et émincez la carotte et l'oignon. Ajoutez-les à la viande ainsi que les champignons égouttés. Laissez mijoter à feu très doux pendant environ 1 h 30 à 2 h en** remuant. Si nécessaire, rajoutez de l'eau de temps en temps.

❹ Dans un bol, **mélangez la crème fraîche, le jaune d'œuf et le jus de citron. Ajoutez ce mélange au dernier moment, remuez bien et servez sans attendre.**

« J'ai remplacé les champignons de Paris par des morilles. Un régal. »
Célinette_54

« Très bon. J'ai mis du porto rouge car je n'avais pas de vin blanc. »
MARITOUT

CÔTES DE VEAU AUX CHAMPIGNONS

Pour 6 personnes :
Facile ◐ - Moyen ◉◉◎
Préparation 15 min - Cuisson 30 min

Côtes de veau (6)
Champignons de Paris frais (375 g)
Calvados (3 à 6 cl)
Oignons (3) - Beurre (45 g)
Crème fraîche (6 c. à soupe)
Farine (2 c. à soupe)
Sel, poivre

1. Épluchez et **émincez les oignons et les champignons.**
2. **Farinez les côtes de veau.**
3. Dans une poêle, **faites-les dorer avec le beurre.**
4. Lorsqu'elles sont bien dorées, **ajoutez les champignons et les oignons.**
5. **Laissez cuire à petit feu** à couvert pendant **20 min.**
6. **Faites chauffer le calvados** dans une petite casserole puis **versez-le sur la viande et flambez.**
7. **Incorporez la crème, salez, poivrez,** laissez réchauffer à feu doux puis servez.

PAUPIETTES DE VEAU

recette proposée par **LadyNinis**

Pour 2 personnes :
Très facile ⊕ - Bon marché ◉◎◎
Préparation 10 min - Cuisson 30 min

Paupiettes de veau (4)
Vin blanc (12,5 cl)
Fond de veau (2 c. à soupe)
Vinaigre balsamique (1 c. à soupe)
Ail (1 gousse)
Huile d'olive (1 c. à soupe)
Moutarde forte (1 c. à soupe)

1. Épluchez, dégermez et **coupez finement la gousse d'ail.**
2. Dans une sauteuse, **faites chauffer l'huile d'olive avec l'ail,** à feu moyen.
3. **Mettez les paupiettes à dorer quelques minutes** de chaque côté.
4. Quand toutes les faces sont légèrement colorées, **ajoutez le fond de veau, le vin blanc et 12,5 cl d'eau.**
5. **Ajoutez la moutarde et le vinaigre balsamique** puis mélangez bien en retournant les paupiettes pour qu'elles s'imbibent de la sauce.
6. **Laissez cuire 5 min à feu moyen.**
7. Baissez le feu et **couvrez. Laissez mijoter 20 min,** en retournant les paupiettes de temps en temps.

Top des avis :

❝ J'ai ajouté une boîte de champignons de Paris 5 min avant la fin de la cuisson. Excellent ! ❞ LNS01

AXOA DE VEAU

recette proposée par **annesophie_6**

Pour 6 personnes :

Très facile ⊕ - Moyen ⊛⊛©
Préparation 20 min - Cuisson 1 h 15

Épaule de veau (1 kg)
Poivron rouge (1)
Piments verts doux (8)
Persil (3 brins)
Thym (2 brins)
Oignon (1)
Ail (1 gousse) - Huile d'arachide
Laurier (1 feuille) - Sel
Piment d'Espelette (1 pincée)

① Épluchez et **émincez l'oignon et l'ail.**

② **Ôtez les pépins des piments et des poivrons puis coupez-les** en petits dés.

③ **Coupez la viande en très petits morceaux.**

④ Dans un faitout, **faites revenir l'oignon, l'ail, les piments et le poivron dans de l'huile** pendant 10 bonnes minutes.

⑤ **Ajoutez la viande, les herbes, du sel et le piment d'Espelette.**

⑥ **Faites sauter le tout** puis **mouillez avec un verre d'eau.**

⑦ **Laissez mijoter** à couvert **45 min à 1 h.**

⑧ **Une dizaine de minutes avant la fin de la cuisson, ôtez le couvercle** pour que le jus accumulé s'évapore.

⑨ Accompagnez ce plat d'une purée de pommes de terre.

Préparer un poivron

Top des avis :

❝Excellent, j'ai remplacé les poivrons et le piment doux par des cornes de bœuf. On s'est régalé.❞ **Sjaze1**

❝Avec des poivrons verts et des piments doux rouges, ça marche aussi et c'est un délice !❞
feulo67

CORSE

SAUTÉ DE VEAU AUX OLIVES

recette proposée par **Virginie_1047**

Pour 3 personnes :

Facile ● - Moyen ●●●
Préparation 30 min - Cuisson 2 h 15

Épaule de veau (600 g)
Lardons (100 g)
Olives vertes (100 g)
Graines de fenouil (1 c. à café)
Vin blanc (15 cl)
Bouquet garni (1)
Ail (1 gousse)
Oignon (1)
Farine (1 c. à soupe)
Concentré de tomate (1 c. à soupe)
Huile d'olive
Sel, poivre

1. **Coupez le veau en gros morceaux.**

2. **Faites blanchir les olives** 15 s dans une casserole d'eau bouillante. Égouttez-les.

3. Épluchez l'oignon et l'ail. **Émincez l'oignon, écrasez l'ail.**

4. Faites chauffer un peu d'huile d'olive dans une cocotte puis **faites-y dorer les morceaux de veau et les lardons, sur feu doux.**

5. **Ajoutez l'oignon et l'ail**, et prolongez la cuisson de 2 ou 3 min. **Saupoudrez de farine et mélangez** pendant encore 2 ou 3 min.

6. **Ajoutez le vin blanc et les graines de fenouil, versez de l'eau** jusqu'à hauteur de la viande. **Ajoutez le concentré de tomate, le bouquet garni, salez et poivrez.** Mélangez.

7. **Laissez mijoter**, en remuant délicatement de temps en temps, pendant **1 h 30.**

8. **Ajoutez les olives et prolongez la cuisson de 30 min.**

RÔTI DE VEAU NORMAND

Pour 6 personnes :

Facile ❶ - Moyen ❶❶❶
Préparation 20 min - Cuisson 1 h 15

Rôti de veau (1 kg)
Cidre brut (50 cl)
Pommes (1 kg)
Calvados (1 petit verre)
Sauge (5 ou 6 feuilles)
Oignons (2)
Huile de tournesol (2 c. à soupe)
Thym (1 brin) - Sel, poivre

Préparer un oignon

① Épluchez et **émincez les oignons.**

② Dans une cocotte en fonte, **faites chauffer l'huile puis faites-y revenir les oignons.**

③ **Ajoutez le rôti de veau et faites-le dorer** sur toutes ses faces.

④ **Arrosez de calvados et flambez.** Salez et poivrez.

⑤ **Mettez le thym et la sauge dans une étamine et déposez celle-ci dans la cocotte. Versez le cidre. Couvrez et laissez cuire 45 min** à feu doux.

⑥ Pendant ce temps, **épluchez les pommes, épépinez-les et coupez-les en quartiers.**

⑦ **Ajoutez les quartiers de pommes dans la cocotte et poursuivez la cuisson 15 min** à découvert (le jus doit réduire aux trois quarts).

⑧ Servez bien chaud.

Top des avis :

❝ J'ai remplacé les pommes par des pommes de terre pas trop grosses que j'ai ajoutées dans la cocotte en début de cuisson. À refaire sans hésiter ! ❞ **perruchette25**

❝ Très bonne recette, tout le monde a aimé, j'ai juste épaissi un peu la sauce avec de la crème fraîche. ❞
Babar43

> "Un délice. Je l'ai servi avec une petite purée maison."
> Sabrinettte

LAPIN À LA MOUTARDE

89
PLATS

Pour 6 personnes :
Facile ● - Moyen ●●●
Préparation 30 min
Cuisson 1 h 20

Lapin (1) - Vin blanc sec (55 cl)
Thym (1 brin)
Romarin (2 brins)
Moutarde à l'ancienne (2 c. à soupe)
Moutarde de Dijon (1 ou 2 c. à soupe)
Crème fraîche (20 cl) - Huile d'olive
Ail (2 gousses) - Échalotes ou oignons (5)
Persil (quelques feuilles)
Laurier (3 feuilles) - Sel, poivre

Découper un lapin

1. **Coupez le lapin en morceaux et badigeonnez-le légèrement de moutarde à l'ancienne.**

2. **Dans une cocotte, faites revenir les morceaux** dans un peu d'huile d'olive.

3. **Dans une sauteuse, portez à ébullition le vin blanc avec l'ail** préalablement haché, **le laurier et le thym.**

4. **Retirez les morceaux de lapin.** Ajoutez un peu d'huile dans la cocotte et **faites dorer les échalotes** préalablement émincées.

5. **Ajoutez le lapin et le vin blanc chaud.** Salez, poivrez et **laissez cuire à feu doux pendant 1 h.**

6. En fin de cuisson, **placez les morceaux de lapin sur un plat de service.**

7. Dans un bol, **mélangez la crème, le persil préalablement haché et 1 ou 2 c. à soupe de moutarde de Dijon.**

8. **Filtrez le jus de cuisson et incorporez la crème à la moutarde.** Faites chauffer 1 min sans faire bouillir puis **nappez les morceaux de lapin de cette sauce.**

NAVARIN D'AGNEAU

recette proposée par **Mariehelene_171**

Pour 4 personnes :
Facile ◖ - Moyen ●●◖
Préparation 40 min
Cuisson 2 h

Agneau : haut de gigot, collier,
plat de côtes (1 kg, en morceaux)
Carottes jeunes (8)
Navets de printemps (8 petits)
Petits oignons (12)
Pommes de terre moyennes (10)
Bouillon de volaille (75 cl)
Bouquet garni (1)
Persil (1 bouquet)
Farine complète (1 c. à soupe)
Épices à couscous (2 c. à café)
Gros sel (3 c. à café)
Concentré de tomate (75 g)
Ail (8 gousses)
Huile d'olive (3 c. à soupe)

Astuce :
Pour un plat encore plus
savoureux, préparez-le la veille
pour le lendemain.

❶ **Faites chauffer le bouillon dans une casserole.**

❷ Dans une cocotte, **faites revenir l'agneau dans 2 c. à soupe d'huile d'olive. Ajoutez 1 c. à café d'épices à couscous et 1 c. à café de gros sel.** Mélangez bien.

❸ Quand les morceaux sont dorés, **ajoutez le concentré de tomate puis l'ail préalablement épluché et écrasé. Mélangez bien.**

❹ Retirez la viande. **Versez la farine dans la sauteuse et ajoutez le bouillon préalablement chauffé en fouettant.**

❺ **Déposez la viande dans la sauce avec le bouquet garni. Laissez mijoter** à feu doux **pendant 45 min.**

❻ **Faites dorer les carottes et les navets, préalablement lavés, dans une poêle avec les oignons et 1 c. à soupe d'huile d'olive, 1 c. à soupe d'épices à couscous et 1 c. à café de gros sel.** Ajoutez-les dans la cocotte.

❼ **Versez une louche de la sauce de la viande dans la poêle pour déglacer** puis remettez le jus obtenu dans la cocotte. La sauce ne doit pas être trop liquide et doit juste couvrir les légumes et la viande. **Poursuivez la cuisson 30 min.**

❽ **Ajoutez les pommes de terre coupées en deux. Laissez cuire 30 à 45 min.**

❾ Dégraissez la sauce, parsemez de persil préalablement haché et servez.

Top des avis :

66 Je n'ai mis que très peu d'épices à couscous, par contre, j'ai ajouté du sel au piment d'Espelette. 99
françoise_1413

66 Très bon. J'ai juste ajouté des petits pois, des courgettes, des pois chiches et une boîte de tomates pelées. 99
soraya_54

POTÉE DE LORRAINE

Pour 4 personnes :
Facile ◐ - Moyen ●●◐
Préparation 40 min - Repos 12 h
Cuisson 3 h 10

Jarret de porc demi-sel (1 kg)
Lard (100 g)
Saucisses de Morteau (2)
Chou frisé (1 petit)
Haricots blancs (250 g)
Carottes (4) - Navets (4)
Poireaux (4) - Bouquet garni (1)
Pommes de terre (6) - Oignon (1)
Clou de girofle (1)
Huile d'olive (2 c. à soupe)
Sel, poivre

Astuce :
Pour une cuisson un peu plus rapide, utilisez une cocotte-minute et laissez cuire les légumes 40 min.

❶ <u>La veille :</u> **mettez les haricots blancs à tremper dans de l'eau froide pendant 12 h.**

❷ Éventuellement, **mettez à tremper le jarret demi-sel pour le dessaler.**

❸ <u>Le jour J :</u> **placez les haricots blancs égouttés dans un faitout avec le jarret de porc, l'oignon entier** préalablement **piqué d'un clou de girofle et le bouquet garni. Salez, poivrez, recouvrez d'eau, portez à ébullition et écumez.**

❹ Réduisez le feu et **laissez mijoter pendant 2 h** environ.

❺ Pendant ce temps, **épluchez les carottes et les navets. Lavez les poireaux. Coupez-les en gros morceaux.**

❻ Nettoyez et **effeuillez le chou puis plongez les feuilles dans de l'eau bouillante** salée 2 min pour les blanchir.

❼ **Au bout de 2 h de cuisson, incorporez dans le faitout les légumes, le lard et les saucisses puis poursuivez la cuisson** pendant **1 h.**

❽ Pendant ce temps, **épluchez les pommes de terre puis faites-les cuire 25 min à l'eau bouillante salée.**

❾ **Coupez les pommes de terre en deux puis ajoutez-les dans le faitout avec l'huile d'olive.**

❿ Laissez sur feu moyen quelques minutes puis servez.

Top des avis :

❝Quand il reste des légumes, je mixe le tout pour faire une bonne soupe.❞ **Naniepanda**

93
PLATS

66 À la place du vin blanc, je mets du cidre : le jus des tripes est plus doux ! 99
decibel

66 Je trouve cette choucroute encore meilleure lorsqu'on remplace le saindoux par de la graisse de canard. 99
Poupette57ful

TRIPES À LA MODE DE CAEN

Pour 10 personnes :
Facile ◖ - Moyen ●●◕
Préparation 40 min - Repos 2 à 3 h
Cuisson 4 h 45

Tripes (2 kg)
Pieds-de-veau (2)
Vin blanc (50 cl)
Carottes (2)
Os de jambon (1)
Clous de girofle (6)
Bouquet garni (1)
Quatre-épices (1 pincée)
Oignons (2) - Eau (25 cl)
Vinaigre - Farine
Sel, poivre

1. Rincez et **nettoyez soigneusement les tripes et les pieds-de-veau. Ébouillantez-les**. Grattez-les. **Faites-les ensuite dégorger plusieurs heures** dans de l'eau fraîche vinaigrée.

2. Préchauffez le four à 180 °C (th. 6).

3. **Blanchissez les abats dans une casserole d'eau bouillante salée. Coupez-les en morceaux.**

4. **Mettez tous ces morceaux dans une grande cocotte en terre ou en fonte. Ajoutez les carottes et les oignons** préalablement **coupés en rondelles, l'os de jambon, le bouquet garni, les clous de girofle, le quatre-épices, du sel et du poivre. Recouvrez le tout avec le vin blanc et l'eau.**

5. **Mélangez de la farine avec de l'eau** de manière à obtenir une pâte. **Fermez la cocotte puis déposez un ruban de cette pâte** tout autour afin de la fermer hermétiquement.

6. **Faites cuire au four pendant 4 h 30.**

CHOUCROUTE

Pour 4 personnes :
Facile ◖ - Moyen ●●◕
Préparation 30 min - Cuisson 2 h

Choucroute (1 kg)
Lard fumé (350 g)
Palette (350 g)
Saucisses de Strasbourg (4)
Saindoux (1 c. à soupe)
Baies de genièvre (10 grains)
Riesling (25 cl)
Pommes de terre (350 g)
Ail (2 gousses) - Laurier (1 feuille)
Oignon (1) - Clous de girofle (2)

1. **Rincez la choucroute sous l'eau froide**, égouttez-la, puis **versez-en la moitié dans un faitout.**

2. **Déposez ensuite le lard fumé et la palette, puis recouvrez-les du reste de choucroute.**

3. **Ajoutez le saindoux, les gousses d'ail entières** non pelées, **les baies de genièvre, le laurier et l'oignon** préalablement épluché et **piqué de 2 clous de girofle. Arrosez de vin blanc.**

4. **Laissez cuire** à couvert à feu doux pendant **1 h.**

5. **Ajoutez les pommes de terre** préalablement **épluchées** et **poursuivez la cuisson pendant 50 min.**

6. **Ajoutez les saucisses et laissez cuire 10 min** supplémentaires. Servez.

AUVERGNE
CHOU FARCI

Pour 4 personnes :
Moyennement difficile ●
Bon marché ●●●
Préparation 1 h - Cuisson 3 h

Chou vert ou blanc (1)
Hachis de porc et de veau mélangé (300 g)
Persil haché (1 c. à soupe)
Lard (2 tranches, environ 100 g)
Carotte (1)
Bouillon de légumes (50 cl)
Quatre-épices (2 pincées)
Oignons (2)
Beurre (20 g)
Sel, poivre

96
PLATS

Astuce :
Vous pouvez également faire cuire le chou farci 45 min à la cocotte-minute.

Farcir des feuilles de chou

① Épluchez et **hachez 1 oignon**. Épluchez et **émincez la carotte**.

② Dans un saladier, **mélangez la viande, l'oignon haché, le persil et le quatre-épices. Salez et poivrez.**

③ **Préparez le chou en ôtant les feuilles abîmées,** raccourcissez le trognon et incisez-le pour en retirer le maximum sans détacher les feuilles.

④ **Mettez-le dans une grande casserole remplie d'eau froide. Faites chauffer** doucement jusqu'à ébullition, puis retirez le chou, **laissez-le s'égoutter** et refroidir un peu.

⑤ Pressez légèrement le chou pour éliminer le restant d'eau, puis **rabattez délicatement et une à une les feuilles vers l'extérieur en allant jusqu'au cœur.**

⑥ **Retirez le cœur du chou, hachez-le et incorporez-le à la farce.**

⑦ **Déposez la farce au cœur du chou.**

⑧ **Rabattez quelques feuilles, puis répartissez le reste de farce entre les feuilles,** en reconstituant le chou au fur et à mesure pour lui redonner sa forme initiale.

⑨ **Disposez 2 ficelles de cuisine en croix, déposez dessus une barde de lard. Posez le chou, recouvrez-le avec la barde, puis déposez la seconde tranche dessus. Ficelez le chou.**

⑩ Épluchez et **émincez l'oignon restant.**

⑪ **Dans une cocotte beurrée, faites un lit avec l'oignon et la carotte émincés. Posez le chou dessus, mouillez avec le bouillon.**

⑫ Portez le tout à ébullition puis **laissez cuire à feu très doux, 2 h à 2 h 30,** en surveillant pour que le fond n'attache pas.

⑬ **Servez en quartiers, après avoir ôté les ficelles.**

ÉMINCÉ DE FOIE AU VIN ROUGE (SÜRLEWERLE)

recette proposée par **drfeelgood**

Pour 6 personnes :
Très facile ⊕ - Moyen ⊖⊖⊜
Préparation 15 min - Cuisson 25 min

Foie de veau (900 g)
Vin rouge (50 cl)
Oignon (1) - Échalotes (2)
Farine (1 c. à soupe)
Vinaigre de vin (5 cl)
Huile (3 cl)
Beurre (50 g)
Sel, poivre

❶ Épluchez et **hachez l'oignon et les échalotes.**

❷ **Faites revenir l'oignon et les échalotes hachés** dans une poêle avec le beurre.

❸ **Saupoudrez de farine** et laissez brunir en remuant.

❹ **Versez le vin rouge et le vinaigre.** Salez et poivrez. **Laissez réduire cette sauce pendant 10 min.**

❺ **Coupez les tranches de foie en lanières** (environ 6 cm de long).

❻ **Faites-les revenir dans une poêle** avec un peu d'huile très chaude.

❼ **Versez la sauce sur les lanières de foie** et servez avec des pommes de terre sautées, des spätzle ou des pâtes fraîches.

Top des avis :

❝C'est très bon ! J'ai utilisé du vinaigre balsamique.❞
Brigitte_45

❝Je complète avec une goutte de Tabasco, un clou de girofle, je remplace le vinaigre par du citron et j'ajoute 1 c. à café de sauce tomate en boîte.❞
Tycus

> «Très bonne recette.
> J'ai utilisé une cocotte qui
> va au micro-ondes,
> la cuisson n'est alors que
> de 1 h, on gagne un peu
> de temps.»
> **Aude_318**

ALSACE

PALETTE DE PORC FUMÉE AU FOUR

recette proposée par **MarieEve_7**

Pour 4 personnes :

Très facile ✦ - Moyen ☺☺☺
Préparation 30 min - Cuisson 1 h 40

Palette de porc fumée (1 kg)
Carottes (6) - Poireaux (2)
Vin blanc (20 cl)
Pommes de terre (8)
Oignon (1)
Ail (1) - Laurier (2 feuilles)
Bouillon de légumes (1 cube)
Poivre

① Préchauffez le four à 200 °C (th. 6-7).

② **Rincez la palette à l'eau froide**.

③ Épluchez et **coupez en cubes les pommes de terre**.

④ Épluchez et **coupez en rondelles les carottes et les poireaux**.

⑤ Épluchez et **émincez l'oignon**. Épluchez, dégermez et **coupez en morceaux l'ail**.

⑥ **Mettez dans une cocotte allant au four les légumes et la palette, arrosez de vin, ajoutez 20 cl d'eau, mettez le cube de bouillon en l'effritant entre les doigts et les feuilles de laurier. Poivrez puis couvrez.**

⑦ **Enfournez** et laissez cuire pendant environ **50 min**.

⑧ **Baissez la température du four** à 170 °C (th. 5-6) **et poursuivez la cuisson** durant environ **50 min**.

> **J'ai ajouté un demi-verre d'eau de vie de mirabelle, c'était parfait!**
> **Dieanotherday**

RHÔNE-ALPES
FONDUE SAVOYARDE AUX CINQ FROMAGES

recette proposée par **Cendy**

Pour 4 personnes :

Très facile ⊕ - Assez cher ⊜⊜⊜
Préparation 15 min - Cuisson 10 min

Emmental (200 g)
Comté (200 g)
Beaufort (200 g)
Abondance (200 g)
Mont d'or (200 g)
Vin blanc (30 à 40 cl)
Ail (2 gousses)

① **Enlevez la croûte des fromages.**

② **Râpez l'emmental, le comté, le beaufort et l'abondance.**

③ **Frottez le caquelon avec 1 gousse d'ail.**

④ **Versez le vin blanc dans le caquelon, ajoutez la seconde gousse d'ail** préalablement épluchée et **faites chauffer** à feu doux.

⑤ **Ajoutez tous les fromages** petit à petit jusqu'à ce qu'ils soient tous fondus.

⑥ **Mélangez** puis dégustez avec des morceaux de pain.

Top des avis :

> **Je remplace le vacherin et l'abondance par du cantal entre-deux et de l'appenzell, et j'ajoute du kirsch et de la muscade. Fasquelle**

TARTIFLETTE

recette proposée par **Christophe_de_Marmiton**

Pour 6 personnes :

Facile ◔ - Moyen ◕◕◕

Préparation 40 min - Cuisson 1 h 10

Reblochon (1)
Jambon fumé (1 tranche)
Vin blanc de Savoie (20 cl)
Pommes de terre (1,2 kg)
Oignons (500 g)
Beurre - Sel, poivre

La recette filmée de la tartiflette

❝ J'ai ajouté 20 cl de crème semi-épaisse juste avant de remplir le plat à gratin. **❞**
Anegab

1. Préchauffez le four à 220 °C (th. 7-8).

2. Dans une casserole d'eau bouillante, **faites cuire les pommes de terre** avec leur peau (comptez 20-25 min). Épluchez-les et **coupez-les en rondelles**.

3. Épluchez et **émincez les oignons** puis **faites-les dorer dans une poêle avec un peu de beurre**.

4. **Ajoutez le jambon coupé en dés, ainsi que les pommes de terre. Laissez mijoter 15 min.**

5. **Ajoutez le vin blanc. Salez un peu, poivrez,** laissez les pommes de terre s'imprégner du vin blanc quelques minutes.

6. **Transférez le tout dans un plat à gratin.**

7. **Grattez au couteau le reblochon, coupez-le en deux dans le sens de l'épaisseur et posez-le sur les pommes de terre.**

8. **Enfournez** et laissez cuire **20 à 30 min.**

9. Servez avec une salade verte, voire quelques tomates, juste assaisonnées d'un peu de vinaigre d'échalote.

101
PLATS

COQ À LA BIÈRE

recette proposée par AnneAlesjardinsdePomone

Pour 6 personnes :

Facile ☻ - Moyen ☻☻☻

Préparation 20 min - Cuisson 2 h 45

Coq fermier (2 à 2,5 kg)
Champignons de Paris frais (350 g)
Bière brune (1 l)
Genièvre (5 cl)
Échalotes (3)
Huile d'arachide (3 c. à soupe)
Crème épaisse (20 cl)
Farine (3 ou 4 c. à soupe)
Sel, poivre

> **Astuce :**
> Demandez à votre boucher
> de couper le coq en morceaux.

Préparer une échalote

❶ **Débitez le coq en morceaux. Mettez de côté le foie.**

❷ **Salez et poivrez les morceaux de volaille.**

❸ **Versez la farine** préalablement tamisée **dans une assiette puis roulez-y les morceaux de viande.** Tapotez-les pour retirer l'excédent.

❹ Épluchez et **émincez les échalotes.**

❺ Lavez et **émincez les champignons.**

❻ Faites chauffer 2c. à soupe d'huile dans une cocotte en fonte puis **faites-y dorer les morceaux de volaille jusqu'à belle coloration** de toutes les faces. Mettez-les de côté.

❼ **Versez 1 c. à soupe d'huile dans la cocotte et faites-y revenir les échalotes** sans les colorer.

❽ **Ajoutez les champignons** et **laissez cuire 5 min** en remuant régulièrement.

❾ **Ajoutez les morceaux de volaille, arrosez le tout de genièvre et flambez.**

❿ **Versez la bière** (la viande doit être entièrement recouverte) puis **laissez mijoter pendant 2 h.**

⓫ À l'aide d'une écumoire, **retirez les morceaux de viande et les champignons** de la cocotte. **Mettez-les de côté.**

⓬ **Faites réduire la sauce** à découvert sur feu vif.

⓭ **Faites cuire brièvement le foie du coq à la poêle puis hachez-le.**

⓮ **Ajoutez le foie haché à la sauce, puis la crème épaisse.** Remuez, en veillant à ne pas laisser bouillir, jusqu'à ce que la sauce épaississe.

⓯ **Ajoutez les champignons.** Rectifiez l'assaisonnement si besoin.

⓰ **Dressez les morceaux de viande dans les assiettes puis recouvrez-les de sauce.**

⓱ Servez avec des petits pois ou des pommes de terre vapeur.

LENTILLES ET SAUCISSES DE MORTEAU

recette proposée par **Charlotte**

Pour 6 personnes :

Très facile ⊕ - Bon marché ❷☺☺
Préparation 10 min - Cuisson 1 h 45

Lentilles vertes du Puy (500 g)
Saucisses de Morteau (2)
Carotte (1)
Bouquet garni (1)
Baies rouges (1 c. à café)
Gros sel
Oignon (1)
Huile d'olive
Muscade (1 grosse pincée)
Moutarde (1 c. à soupe)
Poivre

❶ Épluchez et **coupez en rondelles la carotte.**

❷ Épluchez et **émincez l'oignon.**

❸ Dans un faitout, **faites blondir l'oignon** dans un peu d'huile d'olive. **Ajoutez la carotte** et remuez 1 à 2 min.

❹ **Ajoutez au moins 1 l d'eau et les lentilles** : ne versez pas trop d'eau au début, il est préférable d'en rajouter si besoin au cours de la cuisson.

❺ **Ajoutez du gros sel, du poivre, les baies rouges, un peu de muscade et le bouquet garni.**

❻ **Plongez-y les saucisses de Morteau et laissez cuire 30 min.**

❼ **Sortez les saucisses et poursuivez la cuisson des lentilles** pendant une bonne heure.

❽ En fin de cuisson, **remettez les saucisses dans les lentilles pour les réchauffer et ajoutez la moutarde.**

❾ Mélangez puis servez.

WELSH DU NORD

recette proposée par **aurelie_139**

Pour 4 personnes :

Très facile ⊕ - Bon marché ❷☺☺
Préparation 5 min - Cuisson 15 min

Pain de campagne (4 tranches)
Cheddar (800 g)
Bière blonde (25 cl)
Jambon blanc (2 tranches)
Gruyère râpé (50 g)
Œufs (4)
Noix de muscade (2 pincées)
Beurre (10 g)

❶ Préchauffez le gril du four.

❷ **Faites dorer le pain dans une poêle avec un peu de beurre.**

❸ **Coupez le cheddar en petits cubes.**

❹ **Mettez les cubes de cheddar dans une casserole, ajoutez la bière et la muscade et laissez fondre.**

❺ Hors du feu, **ajoutez les œufs battus.**

❻ **Dans un plat à gratin, déposez le pain, les tranches de jambon puis versez la préparation au fromage sur l'ensemble.**

❼ **Parsemez de gruyère râpé.**

❽ **Laissez gratiner** 3 min sous le gril du four.

66 Recette simple et efficace.
J'ai ajouté de la poitrine de porc. 99
sched34

66 Excellent, je conseille d'ajouter
un peu de sauce Worcestershire. 99
Tsush

CASSOULET

recette proposée par **Kribu89**

Pour 10 personnes :
Moyennement difficile ● - Moyen ●●○
Préparation 45 min - Repos 12 h
Cuisson 3 h

Poitrine demi-sel (500 g)
Petit salé (1 kg)
Saucisson à l'ail fumé (10 tranches)
Saucisses de Toulouse (600 à 800 g)
Haricots lingot blancs secs (1 kg)
Graisse de canard ou d'oie (1 pot)
Concentré de tomate (1 c. à soupe)
Oignons (2)
Ail (3 gousses)
Thym (1 branche)
Laurier (2 feuilles)
Sel, poivre

Astuce :
Ajoutez des manchons
de canard confit et utilisez
la graisse contenue dans la boîte.

① La veille : **faites tremper les haricots** dans un saladier d'eau froide. **Plongez le petit salé dans un saladier rempli d'eau froide et laissez-le 30 min. Changez l'eau et laissez-le tremper à nouveau 30 min.** Égouttez-le et placez-le au frais jusqu'au lendemain.

② Le jour J : **égouttez les haricots et mettez-les dans un grand faitout en y ajoutant la poitrine coupée en 10 morceaux, 1 oignon** préalablement **pelé et coupé en quatre, le laurier et le thym. Couvrez d'eau et faites bouillir.** À ébullition, écumez, couvrez et **laissez cuire 1 h** à petits frémissements.

③ Dans une poêle, faites chauffer 2 c. à soupe de graisse de canard ou d'oie, **faites-y colorer l'oignon restant et les gousses d'ail** préalablement **pelées et hachées.** Retirez du feu et déposez le tout sur du papier absorbant.

④ Remettez 2 c. à soupe de graisse dans la poêle et **faites-y dorer les saucisses et le saucisson à l'ail** préalablement coupé en tranches **pendant 15 min.** Mettez-les de côté.

⑤ Dans une poêle, **faites revenir le petit salé dans 2 c. à soupe de graisse pendant 5 min.**

⑥ Préchauffez le four à 150 °C (th. 5).

⑦ **Égouttez les haricots** en conservant le jus de cuisson.

⑧ **Graissez largement un grand plat en terre, disposez-y le petit salé, le saucisson à l'ail et les saucisses. Par-dessus, mettez les haricots avec la poitrine** et déposez 3 petites cuillères à soupe de graisse.

⑨ Dans un saladier, **versez 4 louches de jus de cuisson des haricots, l'ail et l'oignon colorés et le concentré de tomate. Poivrez.** Mélangez bien **et versez sur la préparation haricots-viande.**

⑩ **Enfournez et laissez mijoter pendant 1 à 2 h.**

« Je n'ai pas mis de petit salé mais j'ai utilisé des saucisses fumées. »
Pommeliane

66 J'ai échangé
quelques pommes
de terre contre
quelques rutabagas.
C'était très bon ! **99**
Robin35

POT-AU-FEU

Pour 4 personnes :

Moyennement difficile ● - Moyen ●●◎

Préparation 45 min

Cuisson 4 h 15

Viande de bœuf grasse (500 g)
Viande de bœuf maigre (500 g)
Viande de bœuf gélatineuse (500 g)
Os à moelle (1)
Céleri (1 branche)
Poireaux (4)
Carottes (4)
Bouquet garni (1)
Gros sel
Oignons (2)
Ail (1 gousse)
Clous de girofle (2)
Poivre noir en grains

Astuce :

Le bouillon du pot-au-feu peut se consommer seul ou être la base de divers potages.

① Ficelez les morceaux de viande pour qu'ils se maintiennent en forme pendant la cuisson.

② **Épluchez les carottes, les poireaux et la branche de céleri. Coupez-les en gros morceaux.**

③ Pelez la gousse d'ail et les oignons.

④ **Piquez un oignon avec les clous de girofle.**

⑤ **Faites dorer le second, à sec, au four** (180°C, th. 6) **quelques minutes :** il colorera le bouillon.

⑥ **Dans un faitout, mettez tous les morceaux de viande et l'os à moelle**, préalablement enveloppé dans une mousseline pour éviter que la moelle ne se répande. **Mouillez avec 5 l d'eau froide. Salez au gros sel.**

⑦ **Portez à ébullition** et laissez bouillir **en écumant régulièrement**, jusqu'à ce qu'il ne se forme plus d'écume.

⑧ **Ajoutez-y les oignons, les carottes, les poireaux** liés en botte avec une ficelle, **le céleri, l'ail et le bouquet garni** préalablement ficelé. **Ajoutez 12 grains de poivre.**

⑨ **Portez de nouveau à ébullition, puis laissez cuire,** à couvert, sur feu très doux, pendant **au moins 4 h.** Dégraissez en cours de cuisson.

⑩ Présentez la viande et les légumes dans un plat chaud et servez avec des cornichons, du gros sel et de la moutarde forte.

109

PLATS

Top des avis :

66 Tout simplement excellent, j'ai juste ajouté un chou et des navets jaunes, un régal. 99 **zazafrafra**

66 J'ajoute 2 navets, je fais des pommes de terre sautées à part, ensuite une sauce blanche avec le bouillon et je mets des cornichons. C'est très bon. 99 **Vali63**

CARBONNADE FLAMANDE

recette proposée par **Laurent**

Pour 4 personnes :
Très facile ⊕ - Moyen ⊜⊜©
Préparation 40 min
Cuisson 3 h 40

Bœuf maigre à braiser type
paleron, gîte, hampe, etc. (1 kg)
Bière type Pelforth brune
pour un goût délicat, ou Leffe brune
pour un goût plus sucré (1 l)
Lard fumé entier (250 g)
Pain d'épices, si possible
maison (5 à 7 tranches)
Oignons (7)
Cassonade (1 à 2 c. à soupe)
Bouquet garni (1)
Beurre - Moutarde
Sel de Guérande

Astuce :

Servez cette carbonnade avec
des frites maison, sinon ajoutez
quelques pommes de terre
épluchées et coupées en deux
dans la cocotte 1 h avant la fin
de la cuisson.

① **Coupez la viande en cubes de 2 à 3 cm de côté.**

② Épluchez et **découpez grossièrement les oignons et coupez le lard en gros lardons.**

③ Dans une cocotte, **faites fondre une noix de beurre et faites-y suer les oignons** pendant 10 min à feu doux afin qu'ils ramollissent.

④ Augmentez légèrement le feu, **ajoutez le lard, couvrez mais remuez régulièrement.** Une fois le lard bien rose, retirez le tout (sauf le jus) et déposez-le dans un plat.

⑤ **Déposez la viande dans la cocotte sur feu vif et remuez régulièrement afin qu'elle se colore de tous les côtés.** Retirez la viande à l'aide d'une écumoire et déposez-la dans un plat.

⑥ **Diluez la cassonade dans le jus de viande et laissez chauffer sur feu moyen-fort afin qu'il réduise de moitié. Baissez le feu, ajoutez le mélange lard-oignons** en remuant bien, **ajoutez la viande** et mélangez de nouveau. **Ajoutez le bouquet garni, recouvrez de bière (entre 80 cl et 1 l) et salez très légèrement.**

⑦ **Recouvrez la viande avec le pain d'épices.**

⑧ **Laissez mijoter à couvert pendant 3 h sans remuer,** tant que le pain d'épices n'est pas fondu. **Pensez à retirer le bouquet garni après 1 h de cuisson.** Pendant la cuisson, goûtez le jus et rectifiez l'assaisonnement si besoin.

⑨ Si, après 3 h de cuisson, le jus est encore trop liquide, laissez mijoter en laissant le couvercle en partie ouvert.

Top des avis :

❝ J'ai suivi la recette à la lettre sauf pour le type de bière. J'ai utilisé de la Chimay rouge. C'est une bière qui a du «corps» et qui n'a pas un goût trop sucré. ❞ **mabeke**

« Excellent ! Je l'ai préparée la veille et j'ai laissé mijoter à feu très doux. J'ai juste ajouté une tranche de pain d'épices et une cuillère de sucre roux. »
arno73

> **"** L'astuce, pour réussir à filer, c'est de jouer sur la température… C'est-à-dire couper le feu une fois que la préparation est homogène, et continuer à mélanger jusqu'à la consistance voulue ! **"**
> Alx70

AUVERGNE
ALIGOT

Pour 3 personnes :
Facile ◕ - Moyen ◕◕◔
Préparation 20 min - Cuisson 45 min

Tomme fraîche d'Auvergne (300 g)
Pommes de terre (500 g)
Beurre (50 g)
Crème fraîche (20 cl)
Ail (1 gousse)
Sel, poivre

1. Épluchez et **pilez l'ail.**
2. Épluchez et **lavez les pommes de terre.**
3. **Faites-les cuire 25 à 30 min** dans une casserole remplie d'eau. Égouttez-les puis **réduisez-les en purée** à l'aide d'un presse-purée ou d'un moulin à légumes.
4. **Ajoutez le beurre, la crème fraîche, l'ail, un peu de sel et du poivre.**
5. **Coupez le fromage en fines lamelles.**
6. **Remettez la purée dans la casserole, ajoutez le fromage et faites-le fondre à feu doux :** à l'aide d'un cuillère en bois, remuez sans cesse en réalisant des « 8 » et en soulevant la masse jusqu'à obtenir une pâte lisse qui se détache des parois de la casserole et qui file. Comptez une quinzaine de minutes.
7. **Servez dans chaque assiette : soulevez un grand ruban d'aligot et coupez-le aux ciseaux.**

HACHIS PARMENTIER

recette proposée par **E106900**

Pour 4 personnes :

Facile ☺ - Bon marché €€€
Préparation 25 min - Cuisson 40 min

Viande hachée (400 g)
Tomates (2)
Pommes de terre (1 kg)
Oignons (2) - Ail (2 gousses)
Jaune d'œuf (1) - Farine (1 c. à soupe)
Herbes de Provence
Gruyère râpé (50 g) - Parmesan (20 g)
Lait (20 cl) - Beurre - Sel, poivre

La recette filmée
du hachis Parmentier

> ❝ Je n'avais pas d'herbes de Provence, j'ai mis du persil, du basilic et du piment doux et tout le monde a adoré. ❞
> Giny91

① Préparez la purée : **faites cuire les pommes de terre** préalablement épluchées dans de l'eau bouillante salée pendant une trentaine de minutes.

② Pendant ce temps, **hachez les oignons et les gousses d'ail et faites-les revenir dans une cocotte avec une noix de beurre.**

③ **Ajoutez les tomates coupées en dés, la viande hachée, la farine, du sel, du poivre et les herbes de Provence. Laissez mijoter 30 min environ.**

④ Quand tout est cuit, coupez le feu puis **ajoutez le jaune d'œuf et un peu de parmesan.** Mélangez.

⑤ **Étalez cette préparation au fond d'un plat à gratin.**

⑥ Préchauffez le gril du four.

⑦ **Égouttez les pommes de terre et écrasez-les** avec un presse-purée. Ajoutez le lait et une noix de beurre. Mélangez bien.

⑧ **Étalez la purée sur la viande. Saupoudrez de fromage râpé et faites gratiner au four une dizaine de minutes.**

BAECKEOFFE

Pour 10 personnes :

Facile ❻ - Moyen ❻❻❻
Préparation 40 min - Cuisson 2 h 30
Repos 24 h

Échine de porc (1 kg)
Épaule de mouton désossée (500 g)
Gîte de bœuf (500 g)
Pied de porc (1)
Carottes (3) - Poireau (1)
Pommes de terre (1,5 kg) - Oignons (2)
Farine (100 g)
Beurre - Sel, poivre

Pour la marinade :

Vin blanc sec d'Alsace (75 cl)
Thym (2 branches)
Oignon (1)
Ail (1 gousse)
Laurier (2 feuilles)
Poivre en grains

Astuce :
Pour atténuer le goût prononcé du vin, faites-le bouillir quelques minutes puis laissez-le refroidir avant de le verser sur les ingrédients de la marinade.

① <u>La veille</u> : **coupez l'échine de porc, l'épaule de mouton et le gîte de bœuf en cubes** de 5 cm de côté. Épluchez et **émincez 1 oignon**, épluchez et **écrasez 1 gousse d'ail.**

② **Mélangez les ingrédients de la marinade** dans un saladier.

③ **Ajoutez la viande**, filmez et **laissez mariner 24 h** au réfrigérateur.

④ <u>Le jour J</u> : préchauffez le four à 200 °C (th. 6-7).

⑤ **Épluchez les pommes de terre et les carottes. Coupez-les en très fines rondelles.**

⑥ Lavez et **émincez le poireau.**

⑦ Épluchez et **émincez les oignons.**

⑧ **Égouttez les 3 viandes** et mettez de côté le jus de la marinade.

⑨ **Dans une terrine beurrée, disposez successivement : une couche d'oignons, une couche de pommes de terre et carottes, une couche de morceaux de viande, le pied de porc fendu en deux, une couche de pommes de terre et carottes, le poireau émincé. Salez et poivrez.**

⑩ **Versez le jus de la marinade.**

⑪ **Mélangez la farine et 1 c. à soupe d'eau.** Formez une pâte.

⑫ **Soudez le couvercle de la terrine en formant un cordon avec la pâte.**

⑬ **Enfournez** et laissez cuire **2 h 30.**

Top des avis :

66 Très bon ! J'ai ajouté des clous de girofle, des graines de coriandre et 5 baies de genièvre dans la marinade. 99
marsupilemi

«Fondant et savoureux !
J'ai fait moitié crème liquide,
moitié crème épaisse et j'ai ajouté
de la muscade.»
Maevatea

«Excellent. J'ai fait revenir
des oignons et des lardons
à la place du jambon cru.»
Karin_e

GRATIN DAUPHINOIS

recette proposée par **Marion_38**

Pour 4 à 6 personnes :
Très facile ☺ - Bon marché 🪙🪙🪙
Préparation 30 min
Cuisson 1 h

Crème liquide (1 l)
Pommes de terre Belle de Fontenay
(1 kg)
Ail (2 gousses) - Sel, poivre

① Préchauffez le four à 120 °C (th. 4).

② **Épluchez les pommes de terre et coupez-les en rondelles.**

③ **Pressez l'ail dans un bol.**

④ **Nappez le fond d'un plat à gratin de crème liquide.**

⑤ **Alternez ensuite les pommes de terre, la crème et l'ail,** jusqu'à épuisement des ingrédients.

⑥ **Terminez en nappant de crème,** salez et poivrez.

⑦ **Enfournez** pour au moins **1 h.**

GRATIN DE CROZETS

recette proposée par **Cocopassions**

Pour 6 personnes :
Très facile ☺ - Bon marché 🪙🪙🪙
Préparation 10 min - Cuisson 35 min

Crozets (500 g)
Beaufort (300 g)
Jambon cru (5 tranches fines)
Bouillon de volaille (1 cube)
Crème fraîche (5 c. à soupe)
Sel, poivre

① Dans une casserole, **faites bouillir 1 l d'eau avec le cube de bouillon de volaille** et une pincée de sel.

② **Ajoutez les crozets** et **laissez cuire environ 20 min.**

③ **Râpez le beaufort.**

④ Préchauffez le four à 200 °C (th. 6-7).

⑤ **Égouttez les crozets.**

⑥ **Dans un plat à gratin, versez la moitié des crozets et poivrez.**

⑦ **Déchirez les tranches de jambon cru et répartissez-les** sur les crozets.

⑧ **Répartissez la moitié du beaufort** sur toute la surface.

⑨ **Ajoutez la crème fraîche en l'étalant.**

⑩ **Recouvrez du reste de crozets, poivrez** de nouveau.

⑪ **Parsemez du reste de beaufort.**

⑫ **Enfournez** et laissez cuire **jusqu'à ce que le beaufort soit fondu.**

GRATIN DE CHOU-FLEUR

recette proposée par **laurence_165**

Pour 4 personnes :
Très facile ⊕ - Bon marché €€€
Préparation 20 min - Cuisson 40 min

Chou-fleur (1 gros)
Comté (30 g)
Beurre (25 g)
Farine (30 g)
Bouillon de volaille (1 cube)
Crème liquide (10 cl)
Muscade
Sel, poivre

La recette filmée du gratin de chou-fleur

① Préchauffez le four à 200 °C (th. 6-7).

② **Nettoyez le chou-fleur et détaillez-le en bouquets.**

③ Disposez-les dans le panier vapeur de la cocotte-minute et **faites-les cuire à la vapeur** : comptez environ 8 min après le sifflement de la soupape.

④ Préparez une sauce blanche : **dissolvez le cube de bouillon de volaille dans 40 cl d'eau bouillante. Faites fondre le beurre dans une casserole puis ajoutez la farine et mélangez. Versez peu à peu le bouillon bien chaud,** comme pour une béchamel.

⑤ Selon les goûts, **ajoutez (ou non) un peu de crème. Salez, poivrez** et ajoutez une pointe de muscade.

⑥ **Beurrez un plat à gratin et recouvrez le fond de sauce.**

⑦ **Disposez dessus les bouquets de chou-fleur têtes en bas** (sinon la sauce ne s'y imprègne pas). **Recouvrez du reste de sauce.**

⑧ **Parsemez de comté** préalablement râpé.

⑨ **Enfournez** et laissez cuire environ **30 min**.

❝ Délicieux ! J'ai mis des morceaux de speck italien dans le gratin. ❞
manou037

ANTILLES
GRATIN DE CHRISTOPHINES

recette proposée par **angelique_649**

Pour 6 personnes :

Très facile ⊕ - Bon marché ●©©
Préparation 40 min - Cuisson 50 min

Christophines (7)
Lait concentré non sucré (410 g)
Lardons fumés (100 g)
Bouquet garni (1)
Gruyère râpé (100 g)
Oignon (1)
Ail (1 gousse)
Farine (200 g)

1. **Coupez les christophines en deux.**

2. **Placez-les dans une casserole, couvrez d'eau et portez à ébullition.** Laissez cuire **20 à 30 min.**

3. **Égouttez les christophines** et laissez-les refroidir.

4. **Retirez la peau et écrasez-les.**

5. Préchauffez le four à 180 °C (th. 6).

6. **Épluchez l'oignon et l'ail. Écrasez-les avec la moitié du bouquet garni.**

7. Dans une poêle, **faites revenir le mélange ail-oignon-herbes et les lardons.**

8. **Ajoutez la purée de christophines.**

9. Dans un bol, **mélangez la farine et le lait. Ajoutez ce mélange dans la poêle.** Remuez.

10. **Versez la préparation dans un plat** allant au four **puis parsemez de gruyère râpé.**

11. **Enfournez** et laissez cuire **jusqu'à ce que le fromage soit gratiné.**

GRATIN NORMAND

Pour 6 personnes :
Très facile ✚ - Bon marché ●☺☺
Préparation 20 min - Cuisson 1 h

Camembert (1) ou coulommiers (1)
Lardons fumés (500 g)
Pommes de terre (8)
Oignons (2 gros)
Crème fraîche épaisse (20 cl)
Sel

① **Faites cuire les pommes de terre** 15 à 20 min dans une casserole d'eau bouillante salée.

② Préchauffez le four à 180 °C (th. 6).

③ Épluchez et **coupez en rondelles les oignons.**

④ **Faites-les dorer avec les lardons** dans une poêle.

⑤ **Ajoutez la crème fraîche** et mélangez.

⑥ **Coupez les pommes de terre en rondelles.**

⑦ Dans un plat à gratin, **déposez le camembert au centre. Tout autour, déposez une couche de pommes de terre puis une couche d'oignons-lardons.** Recommencez jusqu'en haut du plat.

⑧ **Enfournez** et laissez cuire **20 à 30 min.**

⑨ Servez sans attendre.

TRUFFADE

Pour 8 personnes :
Facile ✚ - Bon marché ●☺☺
Préparation 25 min - Cuisson 30 min

Tomme du Cantal (1 kg)
Graisse de canard (2 c. à soupe)
Ail (1 gousse)
Pommes de terre fermes (2,5 kg)
Sel, poivre

① **Épluchez les pommes de terre et coupez-les en grosses rondelles.**

② Dans une cocotte en fonte ou une sauteuse, **faites fondre la graisse de canard puis faites-y revenir les pommes de terre** en les retournant souvent pendant environ **20 min.**

③ **Salez et poivrez.**

④ Pendant ce temps, **coupez la tomme en fines tranches et l'ail** préalablement épluché **en morceaux.**

⑤ **Incorporez l'ail puis, sans cesser de remuer, le fromage tranche par tranche.**

⑥ Dès que la tomme est fondue, **servez chaud dans la cocotte.**

Top des avis :

❝ On peut laisser légèrement dorer la truffade, avant de la servir retournée… Un régal !❞ christian_333

Très bon ! Je n'avais pas de lardons, j'ai donc mis des saucisses de Strasbourg coupées en rondelles.” Marie_2598

“J'ai fait moitié tomme, moitié saint-nectaire, c'est excellent.” Spi102

CANNELLONIS AU BROCCIU

recette proposée par **Jeanne**

Pour 8 personnes :
Facile ◑ - Bon marché ●●●
Préparation 1 h - Cuisson 50 min
Repos 15 min

Plaques de lasagne (24)
Brocciu frais (1 kg)
Menthe (1 bouquet)
Tomates (4) - Basilic (5 feuilles)
Œuf (1) - Ail (1 gousse) - Oignon (1)
Thym (2 brins) - Laurier (1 feuille)
Sucre (1 morceau) - Huile d'olive
Maïzena (1 c. à soupe) facultatif
Sel, poivre

Astuce :
Si vous avez peur que les cannellonis se décollent, vous pouvez consolider la jointure avec un mélange d'eau et de farine ou un peu de blanc d'œuf.

Réaliser des cannellonis

① Dans un grand saladier, **mélangez le brocciu avec l'œuf et 1 c. à soupe d'huile d'olive.** Si le brocciu est trop liquide, ajoutez la Maïzena.

② Épluchez et **hachez l'ail.**

③ Lavez et **hachez la menthe.**

④ **Ajoutez l'ail et la menthe hachés au brocciu.** Mélangez bien. Salez si besoin et poivrez.

⑤ **Laissez reposer** 15 min.

⑥ Dans une grande casserole, **faites cuire les plaques de lasagne dans de l'eau bouillante salée** : faites-en cuire 4 ou 5 en même temps. Faites-les cuire quelques minutes (vous devez pouvoir les rouler ensuite) puis plongez-les dans un saladier d'eau froide pour stopper la cuisson et déposez-les sur un linge propre, sans les faire se chevaucher.

⑦ **Prenez une plaque de lasagne dans le sens de la longueur. à une extrémité, mettez une grosse cuillerée à soupe de farce.**

⑧ **Roulez jusqu'aux deux tiers de la pâte** puis coupez-la (si vous utilisez la plaque entière, vos cannellonis seront trop épais).

⑨ **Répétez l'opération** jusqu'à épuisement des ingrédients.

⑩ Préchauffez le four à 180 °C (th. 6).

⑪ Préparez la sauce tomate : épluchez et **émincez l'oignon.**

⑫ Lavez puis **coupez les tomates en petits morceaux.**

⑬ Dans une poêle, **faites revenir l'oignon dans un peu d'huile d'olive. Ajoutez les tomates** puis le sucre, du sel, du poivre, **le thym, le laurier et le basilic** préalablement **ciselé.**

⑭ **Laissez mijoter** 10 à 15 min.

⑮ Retirez la feuille de laurier et **mixez** le tout.

⑯ **Placez les cannellonis dans un plat à gratin.**

⑰ **Versez la sauce tomate dessus.**

⑱ **Enfournez** et laissez cuire environ **30 min.**

« J'ai modifié et adapté
avec de la brousse de brebis,
mis des épinards frais et
de la menthe, et saupoudré
de parmesan râpé ! »
agnes59

OMELETTE AUX CÈPES

recette proposée par **mathilde_264**

Pour 4 personnes :

Très facile ⊕ - Moyen €€€

Préparation 5 min - Cuisson 15 min

Cèpes (500 g) - Persil (6 brins)

Œufs (9) - Ail (1 gousse)

Beurre ou huile d'olive - Sel, poivre

Faire une omelette plate

① Choisissez de préférence de bons gros cèpes frais, **nettoyez-les (ôtez la terre) sans les laver puis coupez-les en petits morceaux.**

② Épluchez et **écrasez l'ail.** Lavez et **ciselez le persil.**

③ Dans un saladier, **battez les œufs, salez, poivrez et ajoutez l'ail et le persil.**

④ **Faites revenir les morceaux de cèpes dans une poêle beurrée ou huilée** très chaude.

⑤ Une fois que les cèpes ont réduit, **ajoutez le mélange d'œufs en baissant le feu. Laissez cuire quelques minutes** le temps que les œufs se figent en omelette.

⑥ Servez immédiatement.

BRETAGNE

GALETTES DE BLÉ NOIR

recette proposée par **woohayah**

Pour 10 galettes :

Facile ⊕ - Bon marché €€€

Préparation 10 min - Repos 2 h

Cuisson 10 min

Farine de sarrasin (330 g)

Gros sel (2 c. à soupe)

Œuf (1)

Huile de tournesol

① Dans un saladier, **mélangez la farine et le gros sel.**

② **Versez 75 cl d'eau froide en deux ou trois fois, tout en mélangeant** à l'aide d'un fouet pour obtenir une pâte lisse et épaisse.

③ **Ajoutez l'œuf** et battez bien.

④ Filmez et **laissez reposer 1 à 2 h au réfrigérateur.**

⑤ **Graissez la crêpière** avec un papier absorbant imbibé d'huile, chauffez-la sur feu fort. **Versez une louche de pâte, attendez que la galette colore pour la décoller à l'aide d'une spatule et retournez-la. Laissez-la cuire encore 1 min environ.**

Top des avis :

❝On a ajouté 20 cl de cidre. Très bonne recette.❞
Sushina

“ J'ai ajouté une noisette de crème fraîche semi-épaisse. C'est tellement simple et bon ! „
glouglou2025

“ J'ajoute un peu de miel (¹/₂ c. à café) pour une belle coloration. „
antelane

« J'ai ajouté des cébettes fraîches pour rehausser le goût et cela a été une véritable réussite ! »
lilicub13

« Je les ai saisies à la poêle dans un peu de beurre puis passées au four recouvertes d'une sauce béchamel à la tomate ! »
julyye10

SOCCA NIÇOISE

Pour 8 personnes :

Très facile 🌓 - Bon marché 🌑◎◎
Préparation 15 min - Cuisson 15 min

Farine de pois chiches (250 g)
Huile d'olive (6 c. à soupe)
Sel (1 c. à café)
Poivre

① **Prévoyez 2 plaques allant au four de 40 cm de diamètre.**

② Dans un saladier profond, **mettez 50 cl d'eau froide. Versez la farine de pois chiches et fouettez vivement.**

③ **Ajoutez 2 c. à soupe d'huile d'olive et le sel. Mélangez vivement** pour éliminer les grumeaux. La pâte doit avoir la consistance du lait entier.

④ Préchauffez le four en position maximale pendant 10 min.

⑤ **Sur les plaques, répartissez 4 c. à soupe d'huile d'olive. Enfournez pendant 5 min.**

⑥ Sortez les plaques du four, **versez la pâte et étalez-la de façon homogène. Enfournez aussitôt,** dans le haut du four. **Au bout de 2 min, passez le four en position gril et laissez cuire 5 à 7 min,** de façon que la croûte soit bien dorée.

⑦ Sortez les plaques du four, **découpez les socca, poivrez abondamment et servez.**

QUENELLES LYONNAISES

recette proposée par **popa**

Pour 10 quenelles :

Facile 🌓 - Bon marché 🌑◎◎
Préparation 30 min - Repos 30 min
Cuisson 15 min

Beurre (100 g)
Farine (120 g)
Gruyère râpé (100 g)
Œufs (3)
Noix de muscade râpée
Sel

① Dans une casserole, **faites chauffer un verre d'eau avec le beurre et un peu de sel, ajoutez la farine et laissez cuire 10 min** à feu doux en remuant sans cesse.

② Hors du feu, **ajoutez le gruyère.**

③ Laissez tiédir un peu puis **ajoutez les œufs et un peu de muscade.** Mélangez bien.

④ Farinez vos mains puis **formez un long boudin de 3 cm de diamètre environ.** Découpez-le en tronçons de 10 cm de long. **Placez-les au frais 30 min.**

⑤ **Pochez les quenelles** quelques minutes dans une grande casserole d'eau bouillante : quand elles remontent à la surface, les quenelles sont cuites.

BROCHETTES DE GAMBAS MARINÉES ET RIZ À LA MANGUE

recette proposée par **Matt**

Pour 2 personnes :

Facile ⬤ - Moyen ⬤⬤⬤
Préparation 30 min - Cuisson 55 min
Repos 30 min

Gambas (8)
Citron vert (1) - Mangue (1)
Mélange de 3 riz (100 g)
Gingembre (10 g)
Curry (1 pincée) - Beurre (20 g)
Huile d'olive (2 c. à soupe)
Bouillon de volaille (25 cl)
Sel, poivre

Astuce :

Pour une cuisson au gril ou au barbecue, réalisez les brochettes avant cuisson.

① **Décortiquez les gambas** sans retirer les queues.

② **Pressez le citron vert.**

③ Dans un plat creux, **versez le jus du citron vert, l'huile d'olive, le curry, du sel et du poivre.**

④ **Faites-y mariner les gambas** pendant **30 min.**

⑤ Pelez et **taillez en fines rondelles le gingembre.**

⑥ **Faites chauffer 10 g de beurre dans une poêle, faites-y suer le gingembre.** Remuez bien.

⑦ **Ajoutez le riz** et mélangez jusqu'à ce qu'il soit bien transparent.

⑧ **Mouillez avec avec 20 cl de bouillon puis laissez cuire 30 min.** Rajoutez du bouillon au cours de la cuisson si nécessaire.

⑨ **Épluchez la mangue. Coupez-la en tranches puis en gros dés.**

⑩ **Faites chauffer le reste du beurre dans une poêle.** Lorsqu'il devient blond, **jetez-y les dés de mangue, faites-les rissoler quelques minutes puis ajoutez le riz égoutté.** Réservez au chaud.

⑪ Dans une poêle, **faites revenir les gambas dans leur sauce** pendant 3 min.

⑫ **Piquez les gambas sur des piques en bois** puis servez avec le riz à la mangue.

Top des avis :

❝ N'ayant pas de mangue sous la main, je l'ai remplacée par de l'ananas (en boîte).❞ **emilune38**

Décortiquer et cuisiner des gambas

LANGOUSTINES FLAMBÉES À LA VANILLE

recette proposée par **Colorado**

Pour 4 personnes :
Facile ⊕ - Moyen ⊕⊕⊕
Préparation 30 min - Cuisson 12 min
Repos 20 min

Langoustines (24)
Vanille (1 gousse)
Blancs de poireau (3)
Rhum (2 c. à soupe)
Huile d'olive (1 c. à soupe)
Sel, poivre

Astuce :
Si vous utilisez une gousse
de vanille sèche, faites-la infuser
dans l'huile plus longtemps.

① **Versez l'huile dans un petit bol.**

② **Fendez la gousse de vanille en deux** dans le sens de la longueur. **Grattez les graines** à l'aide d'un petit couteau puis **ajoutez-les avec la gousse dans le bol d'huile.** Mélangez et **laissez infuser pendant 20 min.**

③ Lavez puis **coupez les blancs de poireau en fines rondelles.**

④ **Faites-les suer** dans une poêle antiadhésive avec un fond d'eau pendant 10 min.

⑤ **Salez, poivrez** puis gardez au chaud.

⑥ **Découpez les langoustines en deux** dans le sens de la longueur à l'aide d'un couteau bien aiguisé.

⑦ **Disposez-les dans un plat allant au four à micro-ondes** en mettant le côté carapace sur le fond du plat.

⑧ **Badigeonnez les demi-langoustines d'huile à la vanille** à l'aide d'un pinceau de cuisine.

⑨ **Faites cuire au four à micro-ondes**, puissance maximale, pendant 2 min.

⑩ **Faites chauffer le rhum** dans une casserole.

⑪ Dès qu'il est bouillant, **versez sur les langoustines chaudes et flambez.**

⑫ **Servez aussitôt** en répartissant les langoustines sur des assiettes avec un peu de fondue de poireaux.

Top des avis :

66 Délicieux et rapide à faire, j'ai mis un peu de crème dans la fondue de poireaux pour la rendre plus onctueuse. 99 Polette78

131

PLATS

HOMARD À L'ARMORICAINE

Pour 4 personnes :

Moyennement difficile ●

Assez cher ●●●

Préparation 1 h - Cuisson 45 min

Homards (2, de 800 g chacun)
Tomates (5)
Estragon (1 petit bouquet)
Céleri (1 petite branche)
Carotte (1)
Cognac (10 cl)
Vin blanc sec (30 cl)
Concentré de tomate (1 c. à café)
Échalotes (2)
Oignon (1)
Ail (2 gousses)
Beurre (75 g)
Huile d'olive (10 cl)
Farine (1 c. à soupe)
Piment en poudre
Sel, poivre

Astuce :
Pour encore plus de saveur, faites mijoter la sauce avec les têtes des homards.

Préparer un homard

① **Ébouillantez les tomates 30 s**, rafraîchissez-les et pelez-les. Épépinez-les et **coupez la chair en morceaux.**

② Pelez et **hachez finement les échalotes, l'oignon, le céleri et la carotte.**

③ Épluchez et **écrasez l'ail.** Effeuillez et **ciselez l'estragon.**

④ **Ébouillantez les homards** 1 min ou congelez-les avant de les couper.

⑤ **Détachez les pinces, décortiquez les pinces et le corps des homards, coupez les queues en tronçons et réservez le corail des têtes.**

⑥ Faites chauffer l'huile dans une cocotte. **Faites-y colorer les morceaux de homards.**

⑦ **Ajoutez les légumes hachés**, remuez.

⑧ **Versez le cognac et flambez.**

⑨ **Ajoutez les tomates, l'ail et l'estragon.**

⑩ **Mouillez avec le vin blanc** et allongez avec un peu d'eau pour que le liquide couvre les morceaux de homards.

⑪ **Salez, poivrez et ajoutez une pincée de piment** en poudre. Couvrez et **laissez cuire 20 min.**

⑫ **Mélangez le beurre** préalablement ramolli **et la farine avec le corail. Ajoutez le concentré de tomate** et travaillez le mélange en pommade.

⑬ **Égouttez les morceaux de homards cuits**, réservez-les au chaud dans une casserole.

⑭ **Faites réduire le jus de cuisson** d'un tiers environ.

⑮ **Ajoutez le beurre au corail. Portez à ébullition** et laissez bouillir 2 min en remuant.

⑯ **Filtrez la sauce** et **versez-la sur les homards.** Portez à ébullition quelques minutes puis servez.

« J'ai ajouté 4 petits crabes (étrilles ou crabes sardines) à la cuisson, coupés en deux puis écrasés dans la sauce. Cela donne un parfum très agréable. »
Tomcoat j

PAYS BASQUE
MERLU KOSKERA

Pour 4 personnes :
Facile ◑ - Moyen ●●◐
Préparation 20 min - Cuisson 25 min

Darnes de merlu (4)
Asperges blanches (1 botte)
Petits pois frais (250 g)
Piment rouge (1)
Persil plat (1 bouquet)
Vin blanc (facultatif)
Ail (1 gousse)
Huile d'olive
Bicarbonate de soude (1 c. à café)
Sel

Préparer des asperges

① **Pelez les asperges, lavez-les et ficelez-les. Faites-les blanchir** dans une casserole d'eau bouillante avec le bicarbonate de soude pendant 15 à 20 min.

② **Écossez les petits pois, faites-les cuire 10 à 15 min** dans une casserole d'eau bouillante. Égouttez-les.

③ Épépinez et **coupez le piment en fines lanières.**

④ Épluchez, dégermez et **hachez l'ail.** Effeuillez et **hachez le persil.**

⑤ Dans un poêlon en terre, **chauffez 3 c. à soupe d'huile et faites revenir les darnes** préalablement **salées**, 3 min de chaque côté, à feu vif.

⑥ Baissez le feu et **laissez le poisson rendre son eau 5 min.** S'il n'y a pas assez de liquide, rajoutez du vin blanc.

⑦ Augmentez le feu et **rajoutez l'huile lentement en remuant le poêlon** d'un vigoureux mouvement de va et vient : l'huile et la sauce doivent s'émulsionner.

⑧ **Ajoutez le piment, l'ail et le persil puis les petits pois et les asperges. Laissez mijoter 5 min.**

⑨ Goûtez et **rectifiez l'assaisonnement**

⑩ Servez brûlant dans le plat de cuisson.

DOS DE CABILLAUD VAL D'AUGE

recette proposée par **Michel_298**

Pour 4 personnes :

Très facile ⊕ - Moyen ⊜⊜⊝
Préparation 15 min - Cuisson 1 h

Pavés de cabillaud
(4 de 150 g chacun)
Pomme golden (1)
Carottes de Créances (6)
Crème fraîche d'Isigny (10 cl)
Cidre brut (30 cl)
Cerfeuil (quelques feuilles)
Huile (1 c. à soupe)
Sel, poivre

① Épluchez et **coupez en rondelles les carottes**.

② **Faites-les cuire dans une sauteuse avec la moitié du cidre et la crème fraîche.** Salez et poivrez, **laissez cuire 30 à 40 min** en remuant de temps à autre.

③ Dans une poêle, **faites dorer les dos de cabillaud dans l'huile sans les retourner.**

④ **Pelez la pomme**, épépinez-la et **coupez-la en lamelles.**

⑤ **Déposez les lamelles de pomme autour du cabillaud.**

⑥ **Arrosez avec le reste du cidre**, assaisonnez **et laissez cuire une vingtaine de minutes.**

⑦ **Déposez les carottes dans les assiettes, parsemez de cerfeuil** préalablement ciselé, **posez délicatement les dos de cabillaud dessus, entourez de lamelles de pomme.**

⑧ Dégustez avec le restant de la bouteille de cidre.

Top des avis :

❝ Ce poisson se marie bien avec les pommes et le cidre. Je fais des carottes vichy en accompagnement. ❞ **Ulli67**

❝ On peut aussi mettre des petites pommes rouges type choupettes ou reinettes. Recette originale. ❞ **Chococo43**

“ J'ai ajouté 1 c. à café de sucre en fin de réduction pour adoucir l'acidité de la tomate et du cidre. ”
Brisoule

“ Excellent, mais adapté à ma façon, avec des produits frais de chez le poissonnier : filets de dorade, joues de lotte et grosses crevettes crues. ”
Laniedumas

FILETS DE LIMANDE AU CIDRE

Pour 6 personnes :
Facile ◐ - Moyen ◉◉◎
Préparation 15 min - Cuisson 30 min

Filets de limande (12)
Langoustines (500 g)
Cidre (75 cl)
Tomates (2)
Oignon (1)
Crème fraîche (20 cl)
Beurre (150 g)
Piment d'Espelette (1 pincée)
Sel, poivre

1. **Plongez les tomates 30 s dans de l'eau bouillante, pelez-les et coupez-les en morceaux.**

2. Épluchez et **émincez l'oignon. Faites-le fondre dans une poêle avec le beurre. Ajoutez les tomates et le cidre dans la poêle** puis **laissez réduire 15 à 20 min** à feu moyen.

3. **Roulez chaque filet de limande** et fixez-les avec un cure-dents.

4. **Déposez les filets de limande et les langoustines dans la sauce** et laissez cuire pendant **5 min.**

5. **Retirez les filets, ajoutez la crème fraîche et le piment d'Espelette.** Salez, poivrez. **Portez à ébullition puis laissez cuire 2 min.**

6. **Replacez les filets de limande dans la sauce et servez** avec du riz.

BOUILLABAISSE

Pour 4 personnes :
Très facile ◐ - Moyen ◉◉◎
Préparation 20 min - Cuisson 15 min

Filets de rascasse (4)
Moules (500 g) - Praires (8)
Gambas (8)
Poireau (1)
Pulpe de tomate (400 g)
Safran (2 g)
Vin blanc (40 cl)
Pommes de terre (6)
Ail (1 gousse)
Huile d'olive
Sel, poivre

1. Épluchez et **émincez en lamelles les pommes de terre.** Lavez-les et séchez-les.

2. Lavez puis **émincez en rondelles le poireau.**

3. Épluchez, dégermez et **pressez l'ail.**

4. Lavez et **grattez les moules.**

5. **Dans le fond d'une cocotte-minute, versez un peu d'huile d'olive puis déposez une couche de pommes de terre, une couche de poireau, une couche de pulpe de tomate.** Recommencez une fois.

6. **Couvrez aux trois quarts de vin blanc, ajoutez le safran et l'ail pressé. Posez dessus les filets de poisson, les moules, les praires et les gambas.** Salez et poivrez.

7. **Fermez la cocotte.** Quand elle siffle, **laissez cuire à feu doux 10 à 15 min.**

CALAMARS À LA TOMATE

Pour 4 personnes :

Facile ❶ - Moyen ❶❶❶

Préparation 40 min - Cuisson 30 min

Calamars frais (2 kg)
Tomates bien mûres (4)
Coulis de tomate (20 cl)
Ciboulette (10 brins)
Piment d'Espelette
Armagnac
Ail (2 gousses)
Échalote (1)
Beurre - Sel, poivre

① Videz et **nettoyez les calamars**. À l'aide de ciseaux, **coupez les calamars en morceaux moyens.**

② Épluchez et **émincez l'échalote**. Épluchez et **écrasez l'ail.**

③ Lavez et **coupez en dés les tomates.**

④ **Faites revenir l'échalote** dans une noix de beurre.

⑤ **Ajoutez les morceaux de calamars et laissez cuire 3 à 4 min** pour les faire dégorger. Égouttez-les.

⑥ Retirez le jus de la première cuisson puis **faites revenir l'ail et les calamars dans une noix de beurre.**

⑦ **Faites flamber à l'armagnac.**

⑧ **Ajoutez les dés de tomate, le coulis de tomate et une grosse pincée de piment d'Espelette.**

⑨ **Laissez mijoter** 15 à 20 min.

⑩ Lavez et **ciselez la ciboulette.**

⑪ En fin de cuisson, **assaisonnez d'un peu de sel et de poivre. Parsemez de ciboulette.**

" J'ajoute avec les tomates quelques anchois qui se diluent durant la cuisson et relèvent le tout. **"**
Anthony_96

> **N'hésitez pas à utiliser des crevettes crues surgelées et déjà décortiquées.**
> Sabine_871

ANTILLES

CREVETTES AUX MANGUES

Pour 6 personnes :

Très facile ⊕ - Moyen ●●◉
Préparation 25 min - Cuisson 30 min

Grosses crevettes (800 g)
Mangues fraîches (3)
Fumet de poisson (15 cl)
Vin blanc (15 cl)
Beurre (50 g) - Ail (1 gousse)
Oignons (2) - Sel, poivre

Préparer une mangue

① Épluchez et **hachez l'ail et les oignons.**

② **Épluchez les mangues et coupez la chair en gros dés.**

③ **Faites revenir** à la poêle **l'ail et les oignons** avec un peu de beurre.

④ **Versez le fumet et le vin, portez à ébullition,** puis baissez le feu et **laissez réduire environ 20 min.**

⑤ **Ajoutez la chair de mangue à la sauce,** salez et poivrez généreusement. Faites chauffer quelques minutes.

⑥ Pendant ce temps, **décortiquez les crevettes en laissant les têtes.**

⑦ **Faites-les sauter à feu vif** avec le reste du beurre dans une seconde poêle.

⑧ **Disposez les crevettes dans un plat et nappez-les de sauce.**

THON GRILLÉ À LA MÉDITERRANÉENNE

Pour 4 personnes :

Très facile ⊕ - Moyen ⊚⊚⊕
Préparation 10 min - Repos 1 h
Cuisson 5 min

Thon rouge (4 tranches)
Citron (1)
Gingembre frais (1 petit morceau)
Coriandre fraîche (quelques brins)
ou safran (2 g)
Cumin (1 c. à café) - Ail (1 gousse)
Huile d'olive - Sel, poivre

1. **Pressez le citron.**
2. Épluchez, dégermez et **pressez l'ail.**
3. Épluchez et **râpez le gingembre.**
4. Lavez, effeuillez et **ciselez la coriandre.**
5. **Déposez les tranches de thon dans un plat creux et arrosez-les du jus de citron et d'un filet d'huile d'olive.**
6. **Ajoutez l'ail, le cumin, le gingembre et la coriandre (ou le safran).** Salez et poivrez.
7. **Laissez reposer au moins 1 h** en arrosant le thon régulièrement.
8. **Placez les tranches de thon sur la grille du barbecue ou sur une poêle-gril bien chaude** et laissez cuire quelques minutes de chaque côté : le thon doit rester bien rosé.

BRETAGNE
MATELOTE DE LOTTE

Pour 6 personnes :

Facile ◐ - Moyen ◐◐◐
Préparation 20 min - Cuisson 45 min

Lotte (900 g)
Lardons (200 g)
Oignons blancs (12 petits)
Persil (½ bouquet)
Vin rouge (37 cl)
Bouquet garni (1)
Bouillon (1 cube) - Clou de girofle (1)
Farine (20 g) - Beurre (20 g)
Sel, poivre

1. Épluchez et **coupez les oignons en petits morceaux**.

2. Dans une cocotte, **faites rissoler les lardons et les oignons**. Mettez-les de côté.

3. **Ajoutez la lotte** préalablement **coupée en morceaux dans la cocotte. Laissez dorer** sur toutes les faces.

4. **Ajoutez le vin rouge et le cube de bouillon**.

5. **Remettez les lardons, les oignons, ajoutez le bouquet garni et le clou de girofle.**

6. **Portez à ébullition**, baissez le feu et **laissez cuire 15 min**.

7. **Malaxez la farine avec le beurre** préalablement ramolli **puis ajoutez-les à la préparation et poursuivez la cuisson 10 min.**

8. **Salez, poivrez et servez parsemé de persil haché.**

ANTILLES
CARI DE LOTTE

Pour 6 personnes :
Moyennement difficile ● - Moyen ●●●
Préparation 20 min - Cuisson 35 min

Queues de lotte (12)
Tomates (800 g)
Cari en pâte ou en poudre (1 c. à soupe)
Pomme (1) - Banane (1)
Raisins secs (50 g)
Lait de coco (30 cl)
Coriandre fraîche (½ bouquet)
Vin blanc (10 cl)
Curcuma (½ c. à café)
Oignons (4) - Ail (4 gousses)
Cube de bouillon de légumes (1)
Huile d'olive

1. Pelez et **hachez grossièrement les tomates**.
2. Épluchez et **émincez les oignons**. Épluchez, dégermez et **écrasez l'ail**.
3. Épluchez et **râpez la pomme et la banane**.
4. Dans une casserole, **faites chauffer un peu d'huile d'olive puis faites-y revenir les oignons**.
5. **Ajoutez les tomates et l'ail** puis remuez quelques instants.
6. **Ajoutez le lait de coco, la pomme, la banane et les raisins secs. Laissez mijoter** à feu doux.
7. **Dans une casserole, faites dissoudre le cube de bouillon dans 50 cl d'eau bouillante puis ajoutez le vin blanc.** Portez à frémissement.
8. **Pochez les queues de lotte dans le court-bouillon** (elles ne doivent pas cuire complètement). **Ajoutez le cari, le curcuma et la coriandre hachée à la sauce.**
9. **Ajoutez les queues de lotte égouttées** et laissez cuire jusqu'à cuisson complète des queues de lotte.

BRANDADE DE MORUE

Pour 4 personnes :

Très facile 🌶 - Moyen 🌶🌶🌶
Préparation 15 min - Cuisson 50 min
Repos 36 à 48 h

Morue salée sous vide (500 g)
Persil plat (1 bouquet)
Pommes de terre (500 g)
Huile d'olive - Ail (1 gousse)
Poivre

Réaliser une brandade de morue

① <u>Deux jours avant</u> : **faites dessaler la morue en la faisant tremper dans de l'eau** pendant 36 à 48 h, en changeant l'eau régulièrement.

② <u>Le jour J</u> : **épluchez puis lavez les pommes de terre. Faites-les cuire** dans une casserole d'eau bouillante 30 min.

③ **Écrasez les pommes de terre** à l'aide d'une fourchette.

④ **Émiettez la morue dessalée.**

⑤ **Mélangez la morue et la purée de pommes de terre.**

⑥ Épluchez et **pilez l'ail.** Lavez et **hachez le persil.**

⑦ **Ajoutez l'ail et le persil au mélange purée-morue.** Mélangez.

⑧ **Ajoutez petit à petit de l'huile d'olive** jusqu'à obtenir la consistance et le goût souhaités. Poivrez.

⑨ **Mettez la brandade dans un plat allant au four.**

⑩ **Enfournez** et laissez cuire **15 à 20 min.** Passez la brandade sous le gril avant de servir afin de gratiner légèrement.

❝ Délicieux ! Si vous achetez la morue en petits morceaux, 3 ou 4 h de dessalage suffisent amplement. ❞
Vero111

"Nous nous sommes régalés. Je n'ai pas salé car les moules se suffisent à elles-mêmes." **Loulette38460**

"J'ai utilisé un mélange forestier à la place des champignons de Paris." **Elsadu59**

MOULES MARINIÈRES

recette proposée par **claudefere**

Pour 4 personnes :
Très facile ⊕ - Bon marché ©©©
Préparation 25 min - Cuisson 25 min

Moules (2 kg)
Céleri (1 grosse branche)
Carotte (1) - Persil (½ bouquet)
Thym (1 branche) - Vin blanc (25 cl)
Farine (1 c. à soupe) - Oignons (2)
Échalotes (2) - Beurre (20 g)
Huile (2 c. à soupe) - Laurier (3 feuilles)
Sel (2 pincées) - Poivre (2 pincées)

Préparer le céleri

❶ **Grattez soigneusement les moules** avec la lame d'un couteau puis **lavez-les.**

❷ Épluchez et **émincez finement les oignons et les échalotes.**

❸ **Coupez le céleri en petits morceaux et la carotte** préalablement épluchée **en rondelles.**

❹ **Faites revenir le tout** dans une cocotte **avec le beurre et l'huile** pendant environ 5 min, en remuant constamment.

❺ **Saupoudrez de farine et laissez dorer** un court moment puis **versez le vin blanc.** Mélangez, **ajoutez le thym et le laurier, salez, poivrez puis laissez mijoter** à feu doux 5 min.

❻ **Ajoutez les moules et le persil grossièrement haché.** Couvrez et **laissez cuire à feu moyen pendant 10 à 15 min** en remuant de temps en temps.

❼ Retirez les moules, **filtrez le jus de cuisson** puis servez les moules avec le jus.

POÊLÉE CAMPAGNARDE AUX GÉSIERS

recette proposée par **Jeremy_8**

Pour 4 personnes :
Facile ⊕ - Moyen ©©©
Préparation 30 min - Cuisson 40 min

Champignons de Paris frais (100 g)
Gésiers confits (150 g)
Graisse de canard (1 c. à soupe)
Pommes de terre à chair ferme (500 g)
Oignons (2)
Ail (1 gousse)
Huile d'olive (1 c. à soupe)
Sel, poivre

❶ **Plongez les pommes de terre dans une casserole d'eau froide salée, mettez-les à cuire 20 min** environ. **Épluchez-les et coupez-les en dés.**

❷ Épluchez et **coupez en fines lamelles les oignons.** Épluchez, dégermez et **hachez l'ail.** Nettoyez puis **émincez les champignons de Paris.**

❸ Dans une grande poêle, **faites fondre la graisse de canard et l'huile d'olive puis faites-y revenir les pommes de terre, les lamelles d'oignons et l'ail.**

❹ Quand les pommes de terre sont dorées, **ajoutez les champignons de Paris et les gésiers confits. Continuez à faire rissoler cette poêlée pendant 10 min** environ. Salez et poivrez.

AUVERGNE
LENTILLES VERTES DU PUY
recette proposée par **Anne_621**

Pour 4 personnes :

Très facile ☺ - Bon marché ⬤☺☺
Préparation 10 min - Cuisson 40 min

Lentilles vertes du Puy (200 g)
Lardons fumés (100 g)
Carotte (1)
Poireau (1)
Bouquet garni (1)
Oignon (1)
Graisse d'oie ou huile
Sel, poivre

1. **Mettez les lentilles dans une casserole d'eau froide, portez à ébullition. Laissez bouillir 1 min** (pas plus) puis égouttez-les.
2. Épluchez et **émincez l'oignon.**
3. **Coupez la carotte** préalablement épluchée **et le poireau** préalablement lavé **en tout petits cubes.**
4. Dans une cocotte, **faites revenir l'oignon émincé et les lardons** dans de la graisse d'oie (ou de l'huile).
5. **Ajoutez les cubes de carotte et de poireau puis les lentilles égouttées.** Laissez colorer légèrement.
6. **Couvrez d'eau bouillante, ajoutez le bouquet garni, du sel, du poivre et laissez cuire 30 min** à feu doux et à couvert.
7. Servez bien chaud.

Top des avis :

66 J'ai ajouté 2 c. à café de paprika. 99 **MariaJose_2**

TIAN PROVENÇAL

recette proposée par **anny_15**

Pour 4 personnes :
Facile ☻ - Bon marché ☺☺☺
Préparation 40 min - Cuisson 1 h 40

Aubergines (400 g)
Tomates (500 g)
Courgettes (300 g)
Ail (6 gousses) - Oignon (1)
Beurre (50 g)
Huile d'olive (1 c. à soupe)
Herbes de Provence - Sel, poivre

La recette filmée du tian provençal

① Préchauffez le four à 180 °C (th. 6).

② **Beurrez un plat ovale** allant au four.

③ **Épluchez les gousses d'ail et l'oignon.**

④ **Coupez l'oignon et une seule des 6 gousses d'ail en petits morceaux. Placez-les dans le plat.**

⑤ **Enfournez 5 à 10 min** puis laissez un peu refroidir le plat.

⑥ **Lavez les légumes, puis coupez-les en rondelles de même épaisseur** et si possible de même diamètre.

⑦ **Disposez-les dans le plat, sur l'ail et l'oignon** revenus au four, debout **par rangée successive** : tomate, courgette, tomate, aubergine et ainsi de suite. Intercalez les 5 gousses d'ail restantes.

⑧ **Salez, poivrez, arrosez d'huile d'olive et saupoudrez d'herbes de Provence.**

⑨ **Enfournez** et laissez cuire pendant **1 h 30.**

❝Très bon tian ! J'ai réparti quelques copeaux de parmesan juste avant de servir.❞
Rance

TOMATES FARCIES

recette proposée par **caroline_3528**

Pour 4 personnes :
Très facile ⊕ - Bon marché ●©©
Préparation 20 min - Cuisson 45 min

Chair à saucisse (500 g)
Tomates (6)
Persil (3 brins)
Oignons (3 petits)
Ail (2 gousses)
Thym
Beurre
Sel, poivre

1. Préchauffez le four à 180 °C (th. 6).
2. Épluchez et **hachez les oignons**. Épluchez et **hachez les gousses d'ail.**
3. Dans un saladier, **mélangez la chair à saucisse avec la moitié des oignons, l'ail, du sel, du poivre et le persil** préalablement **ciselé.**
4. **Coupez le dessus de chaque tomate, évidez-les.**
5. **Garnissez chaque tomate de farce puis replacez leur chapeau.**
6. **Dans un plat à gratin, répartissez le reste d'oignon et la chair des tomates.**
7. **Déposez les tomates farcies dessus. Parsemez de thym et déposez une noisette de beurre sur chaque tomate.**
8. **Enfournez** et laissez cuire **45 min.**

TOMATES À LA PROVENÇALE

Pour 4 personnes :
Très facile ⊕ - Bon marché ●©©
Préparation 10 min - Cuisson 20 min

Tomates rondes (8)
Persil plat (1 bouquet)
Mie de pain rassie (30 g)
Ail (2 gousses)
Huile d'olive
Sel, poivre

1. **Lavez les tomates, ôtez le pédoncule et coupez-les en deux.**
2. **Épluchez et dégermez les gousses d'ail.**
3. **Lavez et effeuillez le persil.**
4. **Hachez menu l'ail, le persil et la mie de pain.**
5. **Déposez les tomates, côté peau, dans une poêle.** Salez et poivrez.
6. **Déposez sur chaque demi-tomate une cuillerée de mélange ail-persil. Arrosez généreusement d'huile d'olive puis chauffez** sur feu vif quelques minutes.
7. **Baissez le feu, couvrez et laissez cuire 10 à 15 min :** les tomates doivent être tendres.

66 J'ai partagé la pulpe des tomates moitié dans le plat, moitié dans la chair à saucisse, et j'ai ajouté un œuf battu et du basilic. 99
Patayla

66 Facile et rapide. J'ajoute du basilic et je fais cuire au four pendant 20 min. 99
Vanessa_1353

“ Je vous conseille sa variante
en rajoutant du curry à la béchamel :
un délice! ”
Jek95

“ Pour ceux qui n'arrivent pas à faire
de petites portions, déposez la pâte
sur une planche à découper
et coupez-la en lamelles. ”
rebeccam2003

GRATIN DE BANANES PLANTAINS

Pour 4 personnes :
Très facile ◗ - Bon marché ●©©
Préparation 30 min - Cuisson 1 h

Bananes plantains (7)
Gruyère râpé (100 g)
Lait (75 cl)
Oignon (1)
Ail (2 gousses)
Farine (3 c. à soupe)
Beurre (50 g)
Sel, poivre

1. Préchauffez le four à 180 °C (th. 6).
2. Épluchez et **hachez finement l'oignon**. Épluchez, dégermez et **écrasez l'ail**.
3. **Coupez les bananes en deux** dans le sens de la largeur.
4. **Faites-les bouillir** dans de l'eau salée pendant **20 min.** Coupez-les en rondelles.
5. Dans une casserole, **faites blondir l'oignon haché et l'ail écrasé dans le beurre. Salez, poivrez, ajoutez la farine** en pluie et mélangez aussitôt.
6. Hors du feu, **ajoutez le lait petit à petit. Remettez la casserole sur le feu**, portez à ébullition sans cesser de remuer : la sauce va épaissir. **Ajoutez la moitié du gruyère râpé en fin de cuisson.**
7. **Beurrez un plat à four, étalez une couche de béchamel, disposez une couche de rondelles de bananes et poursuivez ainsi jusqu'à épuisement des ingrédients.** Terminez par la béchamel. **Parsemez du reste de fromage râpé.**
8. **Enfournez 20 min** jusqu'à ce que le fromage soit gratiné.

PÂTES ALSACIENNES (KNEPFLE)

recette proposée par **laurence_165**

Pour 4 personnes :
Facile ◗ - Bon marché ●©©
Préparation 15 min - Cuisson 15 min
Repos 20 min

Fromage blanc ou yaourt nature (350 g)
Œufs (3)
Farine (250 g)
Beurre (20 g)
Sel, poivre

1. Dans un saladier, **mélangez le fromage blanc (ou le yaourt), les œufs, la farine, 3 pincées de sel et du poivre.**
2. **Laissez reposer** cette pâte **20 min.**
3. **Faites bouillir de l'eau salée.** Prenez 2 c. à café et **faites tomber des portions de pâte dans l'eau bouillante.** Procédez en plusieurs fois.
4. **Dès que les knepfles sont cuits, ils remontent à la surface.**
5. **Faites chauffer le beurre dans une poêle. Sortez les knepfles cuits au fur et à mesure** avec une écumoire et transférez-les dans la poêle. **Faites-les revenir 10 min.**

RATATOUILLE MÉRIDIONALE

recette proposée par **francoise_673**

Pour 4 personnes :

Très facile ⊕ - Bon marché ●©©
Préparation 25 min - Cuisson 30 min

Aubergines (2)
Courgettes (2)
Poivrons (2)
Tomates (4)
Olives noires dénoyautées (10)
Oignon (1)
Ail (3 gousses)
Thym
Huile d'olive (6 c. à soupe)
Sel, poivre

Astuce :
Agrémentez ce plat avec les herbes de votre choix : herbes de Provence, romarin...

① Lavez les légumes, **coupez les aubergines et les courgettes en tranches un peu épaisses** (1 cm) dans le sens de la longueur et sans les éplucher.

② **Détaillez ces tranches en bâtonnets de 1 cm de large. Coupez ces bâtonnets en petits cubes.**

③ **Retirez le pédoncule et les graines des poivrons. Taillez-les en lanières puis en petits cubes** de la même taille que les courgettes.

④ **Épépinez les tomates et coupez-les également en petits cubes.**

⑤ **Tranchez finement l'ail** préalablement épluché et dégermé **et les olives noires.**

⑥ Épluchez et **détaillez en petits morceaux l'oignon.**

⑦ **Versez l'huile dans une sauteuse et faites-y revenir tous les légumes** à feu moyen.

⑧ **Salez, poivrez, ajoutez le thym et laissez revenir à feu doux et à couvert pendant 20 min** en remuant de temps en temps.

⑨ Servez chaud.

Top des avis :

66 J'ajoute toujours une tombée de ras-el-hanout. Une belle recette ! 99 **loki76**

"J'ajoute des navets coupés en gros morceaux qui absorbent le jus et je laisse reposer une journée avant de servir." **phildaniere**

LES DESSERTS

C'est le CLOU du repas, celui
qu'on attend alors que la faim
ne nous tenaille plus, celui que
l'on va manger par pur plaisir
tellement c'est bon. On en rêve
depuis le début du repas, il faut
donc qu'il soit à la hauteur
de nos espérances. Avec les desserts
de nos terroirs, on est assurément
dans le vrai, on parle à nos tripes,
à nos souvenirs d'enfance… On ne
peut pas se tromper, on ne peut que
se régaler. Une bonne raison pour
en faire le tour !

BABA AU RHUM

Pour 6 personnes :
Moyennement difficile ●
Bon marché ●©©
Préparation 1 h - Cuisson 45 min
Repos 2 h 45

Levure de boulanger (10 g)
Vieux rhum (7 cl)
Confiture d'abricots (50 g)
Fruits confits (100 g)
Chantilly ou crème pâtissière
Œufs (3)
Beurre (90 g)
Lait (5 cl)
Farine (250 g)
Sucre (350 g)
Sel (1 pincée)

Astuce :
Si vous utilisez de la levure
de boulanger sèche instantanée,
ne la délayez pas.

① Dans un saladier, **délayez la levure dans 2 c. à soupe d'eau tiède.**

② **Ajoutez 50 g de farine, mélangez. Couvrez et laissez lever 30 min** à température ambiante.

③ **Ajoutez le lait, les œufs, une pincée de sucre, le sel, la farine restante et le beurre** préalablement **ramolli** puis battez l'ensemble.

④ **Pétrissez la pâte à la main** jusqu'à ce qu'elle soit souple et se décolle facilement.

⑤ Formez une boule, **couvrez d'un linge humide et laissez reposer pendant 45 min.**

⑥ **Travaillez une dernière fois la pâte puis disposez-la dans un moule à savarin** préalablement beurré. Tassez la pâte puis recouvrez-la du linge humide et **laissez lever encore 1 h 30.**

⑦ Préchauffez le four à 200 °C (th. 6-7).

⑧ **Enfournez** le baba et laissez-le cuire **30 min.**

⑨ **Démoulez-le sur une grille** au-dessus d'un plat creux.

⑩ Préparez un sirop : dans une casserole, **portez 50 cl d'eau et le sucre à ébullitio**n (comptez 7 à 8 min).

⑪ **Faites tiédir 10 min puis ajoutez le rhum vieux.**

⑫ **Versez le sirop sur le baba encore chaud, en plusieurs fois,** pour qu'il s'en imbibe entièrement.

⑬ Dans une casserole, **faites tiédir la confiture d'abricots** avec 1 c. à soupe d'eau.

⑭ À l'aide d'un pinceau, **badigeonnez le baba de confiture d'abricots tiédie.** Décorez de fruits confits et **placez le gâteau au frais.**

⑮ Servez le gâteau avec de la chantilly ou de la crème pâtissière.

Top des avis :
❝ Petit conseil, laissez votre baba sorti du four dans un grand bol avec du sirop pendant au moins 10 heures ! ❞ Jmich

« Très bonne recette. Il faut vraiment bien arroser le baba de sirop pour qu'il soit moelleux. »
Perchut

SAINT-HONORÉ

recette proposée par **Laure_19**

Pour 6 personnes :
Moyennement difficile ⬤
Bon marché ⬤⬤⬤
Préparation 1 h - Cuisson 50 min

Pâte brisée (1 rouleau)

Pour la pâte à choux :
Œufs (4)
Beurre (60 g)
Sucre (20 g)
Farine (125 g)
Sel (½ c. à café)

Pour la crème :
Vanille (1 gousse)
Gélatine (2 feuilles)
Lait (25 cl)
Sucre (100 g)
Œufs (3)
Farine (10 g)
Maïzena (10 g)

Pour le caramel :
Citron (½)
Sucre (150 g)

Chantilly

Astuce :
Parfumez la chantilly selon vos goûts et remplacez le caramel par un glaçage à base d'œuf, de sucre glace et de jus de citron que vous pouvez colorer selon vos envies.

① Préchauffez le four à 150 °C (th. 5).

② <u>Préparez les choux :</u> **chauffez 15 cl d'eau avec le sucre, le sel et le beurre** préalablement **coupé en dés** jusqu'à ce que le beurre et le sucre soient fondus.

③ **Hors du feu, ajoutez la farine** d'un coup. Mélangez bien **puis remettez sur le feu et mélangez** avec une spatule jusqu'à ce que la pâte se décolle de la paroi de la casserole.

④ Hors du feu, **ajoutez les œufs un à un** en mélangeant bien.

⑤ **Étalez la pâte brisée et découpez un disque de 24 cm de diamètre.** Piquez-le à la fourchette puis placez-le sur une plaque garnie de papier sulfurisé.

⑥ **Garnissez une poche à douille** (n° 14) munie d'une douille lisse de pâte à choux. **Formez 16 choux** sur une plaque garnie de papier sulfurisé.

⑦ **Enfournez** le disque de pâte et les choux et laissez cuire **25 min**, sans ouvrir la porte du four.

⑧ <u>Préparez la crème :</u> **fendez la gousse de vanille, prélevez les graines. Faites chauffer le lait et la vanille** dans une casserole.

⑨ **Faites ramollir les feuilles de gélatine** dans un bol d'eau froide.

⑩ Séparez le blanc des jaunes d'œufs. Dans un saladier, **mélangez les jaunes d'œufs avec le sucre.**

⑪ **Ajoutez la farine et la Maïzena puis versez le lait vanillé** dessus en fouettant.

⑫ Versez la préparation dans la casserole et **faites cuire sans cesser de remuer** jusqu'à ce que la crème épaississe.

⑬ Hors du feu, **ajoutez les feuilles de gélatine essorées.**

⑭ **Montez les blancs d'œufs en neige ferme puis ajoutez-les** à la crème tiède.

⑮ **Laissez refroidir la crème pâtissière** puis placez-la dans une poche à douille munie d'une douille lisse.

⑯ **Percez le fond des choux et garnissez-les de crème.**

⑰ <u>Préparez le caramel :</u> dans une casserole, **versez le sucre,
le jus du demi-citron et un filet d'eau. Portez à ébullition**
puis laissez bouillir jusqu'à l'obtention d'un caramel doré.

⑱ **Trempez chaque chou dans le caramel puis collez-les côte
à côte autour du fond de pâte.** Collez une seconde couche de
choux. **Recouvrez le fond de pâte du reste de crème
pâtissière.**

⑲ Gardez le gâteau au frais jusqu'au moment de servir et
ajoutez de la crème chantilly au centre avant de déguster.

PARIS-BREST

recette proposée par **Nanane**

Pour 6 personnes :
Moyennement difficile ● - Moyen ●●○
Préparation 30 min - Cuisson 45 min

Pour la crème :
Beurre (125 g)
Pralin en poudre (115 g)
Maïzena (20 g)
Jaunes d'œufs (3)
Lait (25 cl)
Sucre (60 g)

Pour la pâte :
Amandes effilées (30 g)
Maïzena (30 g)
Œufs (3)
Lait + eau (10 + 8,5 cl)
Beurre (80 g)
Sucre (15 g) - Farine (75 g)
Sel (1 pincée)

Sucre glace

> **Astuce :**
> Pour une crème vraiment lisse,
> remplacez le pralin en poudre par
> de la pâte de pralin.

La recette filmée du Paris-Brest

① Préparez la crème : **portez le lait à ébullition.**

② **Dans une casserole, fouettez les jaunes d'œufs avec le sucre** jusqu'à ce que le mélange blanchisse.

③ **Incorporez la Maïzena.**

④ **Versez dessus le lait bouillant en filet tout en fouettant. Faites épaissir** sur feu moyen en remuant jusqu'à l'ébullition puis laissez refroidir.

⑤ **Travaillez le beurre en pommade.**

⑥ **Incorporez le beurre et le pralin** à la crème pâtissière en fouettant afin de bien aérer la masse.

⑦ Préchauffez le four à 180 °C (th. 6). **Recouvrez la plaque d'une feuille de papier sulfurisé.**

⑧ Préparez la pâte : dans une casserole, **portez le mélange eau + lait à ébullition avec le beurre, le sucre et le sel.**

⑨ **Ajoutez la farine et la Maïzena d'un coup.** Remuez vivement jusqu'à ce que la pâte se détache de la paroi.

⑩ **Hors du feu, incorporez les œufs un à un** en fouettant avec vigueur. Cessez de fouetter quand la pâte est lisse.

⑪ **Faites un cercle de pâte de 20 cm de diamètre** sur la plaque avec une poche à douille (n° 14).

⑫ **Formez un second cercle dessus puis un troisième. Parsemez d'amandes effilées.**

⑬ **Faites dorer 30 min au four.** Laissez refroidir dans le four éteint, porte entrouverte.

⑭ **Tranchez la couronne dans l'épaisseur.**

⑮ **Garnissez le bas de crème, remettez le couvercle** et saupoudrez de sucre glace.

> **Top des avis :**
>
> 66 Mon premier Paris-Brest ! Simple, efficace et généreux !
> Le chou était parfait et la crème délicieuse et gourmande. 99
> Dreamcat

TARTE TATIN

recette proposée par **Marie**

Pour 6 personnes :

Facile 🌓 - Bon marché 🌑🌑🌑
Préparation 30 min - Cuisson 40 min

Pommes golden bien jaunes (8)
Pâte feuilletée (1 rouleau)
Sucre vanillé (2 sachets)
Cannelle en poudre (1 c. à café)
Beurre (100 g)
Sucre (100 g)

① Préchauffez le four à 200 °C (th. 6-7).

② **Épluchez les pommes. Coupez-les en deux ou en quatre** et enlevez le cœur.

③ **Faites fondre le beurre** dans une casserole, **ajoutez le sucre et laissez fondre de manière à obtenir un caramel.**

④ Dès que le caramel commence à avoir une jolie couleur dorée, **versez-le dans le fond d'un moule à tarte rond antiadhésif.**

⑤ **Tapissez le fond du moule avec les pommes.**

⑥ **Saupoudrez les pommes de sucre vanillé et de cannelle puis déposez la pâte feuilletée dessus en enfonçant bien les bords** à l'intérieur du moule.

⑦ **Enfournez** pour **35 à 40 min.**

⑧ **À la sortie du four, retournez la tarte sur un plat** et servez tiède.

❝ Très bon et assez simple à faire. Mais je ne mets que 50 g de beurre. Merci pour cette douceur. ❞
Mamandouffy

> **Réalisée avec une pâte à tarte à la cannelle. J'ai remplacé la semoule par de la chapelure avec seulement 50 g de sucre dans le fond de la tarte. Un vrai délice.**
> NanaMystere

ALSACE

TARTE AUX QUETSCHES

Pour 6 personnes :

Facile ● - Bon marché ●●●
Préparation 30 min - Cuisson 35 min

Pâte brisée (1 rouleau)
Quetsches (800 g)
Semoule de blé très fine (50 g)
Sucre (200 g)
Cannelle en poudre (1 pincée)
Beurre

Foncer un moule à tarte

① Préchauffez le four à 200 °C (th. 6-7).

② **Étalez la pâte brisée dans un moule à tarte** préalablement beurré et **piquez le fond** à l'aide d'une fourchette.

③ **Saupoudrez de 50 g de sucre puis de la semoule** (qui absorbera l'excédent de jus) sur le fond de tarte.

④ **Lavez les quetsches. Coupez-les en deux dans le sens de la longueur. Dénoyautez-les.**

⑤ **Disposez les demi-quetsches sur le fond de tarte** en commençant par le bord extérieur du moule (pulpe vers le haut) et en les serrant bien : ainsi, le jus ne coulera pas pendant la cuisson et la pâte restera croustillante.

⑥ **Saupoudrez de 75 g de sucre.**

⑦ **Enfournez** et laissez cuire **30 à 35 min** : les quetsches doivent être légèrement caramélisées sans que la pâte ne soit brûlée.

⑧ Laissez tiédir ou refroidir, puis **saupoudrez du reste de sucre et de la cannelle en poudre avant de servir.**

TARTE À LA RHUBARBE MERINGUÉE

recette proposée par sissi67

Pour 6 personnes :
Moyennement difficile ●
Bon marché ●○○
Préparation 30 min - Cuisson 1 h 30
Repos 1 h

Pour un moule à tarte de 27 cm :
Pâte brisée (350 g)
Rhubarbe (1 kg)
Maïzena (1 c. à soupe)
Œuf (1)
Jaunes d'œufs (2)
Crème liquide (20 cl)
Sucre vanillé (1 sachet)
Sucre (50 + 100 g) - Beurre

Pour la meringue :
Blancs d'œufs (3)
Sucre (150 g)

> **Astuce :**
> Pour une meringue joliment caramélisée, dorez-la légèrement à l'aide d'un chalumeau à la fin de la cuisson.

❶ **Lavez la rhubarbe puis épluchez-la** (une bande sur deux).

❷ **Coupez les tiges en deux ou en quatre** dans le sens de la longueur **puis en bâtonnets de 2 cm de long.**

❸ Placez-les dans un saladier, **saupoudrez de 50 g de sucre et laissez macérer au moins 1 h** (ou mieux, la veille).

❹ Préchauffez le four à 230 °C (th. 7-8).

❺ **Égouttez la rhubarbe** dans la passoire : elle aura rendu beaucoup d'eau, ainsi que son acidité.

❻ **Graissez un moule à tarte de 27 cm de diamètre, abaissez la pâte, mettez-la dans le moule, piquez-la** à l'aide d'une fourchette.

❼ **Répartissez la rhubarbe** sur le fond de tarte.

❽ Dans un bol, **battez l'œuf entier, les 2 jaunes, le sucre vanillé, 100 g de sucre, la crème liquide et la Maïzena.**

❾ **Versez ce flan sur la rhubarbe.**

❿ **Enfournez** et laissez cuire **30 min.**

⓫ Pendant ce temps, préparez la meringue : **battez les blancs d'œufs en neige.** Quand la neige est formée, **ajoutez le sucre par petites quantités, en continuant de battre.**

⓬ Lorsque la tarte est cuite, **baissez la température du four à 110 °C (th. 3-4).**

⓭ **Mettez les blancs en neige sucrés dans une poche à douille, sortez la tarte du four et garnissez-la de meringue.**

⓮ **Enfournez et laissez la meringue durcir pendant 1 h** : vérifiez au doigt si la meringue est prise, sinon prolongez le temps de séchage.

Préparer la rhubarbe

> **Top des avis :**
> 66 Tout simplement exquise. J'ai juste remplacé la pâte brisée par une pâte sablée maison. Le flan et la meringue ont été une grande réussite. 99 **Pruccoc**

"Divin ! J'ai ajouté des pêches jaunes puisque je n'avais que 500 g de rhubarbe le mariage était très agréable."
Titou73

Une recette très réussie, j'ai juste réduit
le sucre à 90 g et ajouté une grande cuillère
de jus de citron.
Jacinthe25

TARTE AU FROMAGE BLANC (KÄSKÜECHE)

Pour 8 personnes :
Facile ① - Bon marché ⊜⊜⊜
Préparation 45 min - Cuisson 40 min
Repos 55 min

Pour la pâte :
Farine (250 g)
Beurre (125 g)
Sucre (40 g)
Sucre vanillé (1 sachet)
Lait (5 cl)
Sel

Pour la crème :
Fromage blanc à 40 % de MG (500 g)
Maïzena (40 g)
Crème fraîche (10 cl)
Œufs (3)
Sucre (135 g)
Sucre vanillé (1 sachet)

① <u>Préparez la pâte :</u> coupez le beurre en dés.

② Dans un saladier, **mélangez la farine et le beurre ramolli.**

③ **Ajoutez le sucre, le sucre vanillé, une pincée de sel puis, petit à petit, le lait.**

④ **Travaillez la pâte puis formez une boule. Laissez reposer** au frais pendant **30 min.**

⑤ Préchauffez le four à 200 °C (th. 6-7).

⑥ **Aplatissez la pâte et garnissez-en un moule à manqué** de 25 cm de diamètre, légèrement beurré. Piquez le fond avec une fourchette. **Placez 10 min au frais.**

⑦ <u>Préparez la crème :</u> **séparez les blancs des jaunes d'œufs.**

⑧ Dans un saladier, **mélangez le fromage blanc, la crème fraîche, les jaunes d'œufs, la Maïzena, le sucre et le sucre vanillé.**

⑨ **Montez les blancs d'œufs en neige puis incorporez-les au mélange** de fromage blanc, à la spatule.

⑩ **Versez le tout sur la pâte.**

⑪ **Enfournez** et laissez cuire pendant **40 min.**

⑫ **Sortez le moule du four, attendez 5 min puis démoulez la tarte à l'envers et laissez refroidir** pendant 5 à 10 min (pour que le fromage blanc reste bien ferme).

⑬ Enfin, **retournez la tarte** et présentez-la sur un plat de service.

Astuce :
Pour gagner du temps, vous pouvez utiliser un rouleau de pâte brisée toute faite.

Monter des blancs en neige

Top des avis :

❝Excellente recette ! Toute ma famille a aimé. Je l'ai faite avec du fromage blanc à 0 % de MG et ça a très bien marché.❞ **Ilhamy**

❝J'ai suivi la recette à la lettre et le résultat est vraiment super ! Tout le monde a été séduit par la légèreté du gâteau.❞ **oudyniz**

TARTE À GROS BORDS

recette proposée par **Brigitte_31**

Pour 6 personnes :

Facile ● - Bon marché ●☺☺

Préparation 40 min - Cuisson 45 min
Repos 1 h

Pour la pâte :

Levure de boulanger fraîche (3 g)
Farine (250 g) - Beurre (100 g)
Œufs (2) - Sel (½ c. à café)
Sucre (½ c. à soupe)

Pour la crème :

Maïzena (2 c. à soupe bombées)
Vanille liquide (1 c. à café)
Sucre (90 g) - Lait (1,25 l)
Jaunes d'œufs (4)
Farine (2 c. à soupe bombées)

Astuce :
Avec le reste de pâte, formez des croisillons sur le dessus de la tarte.

① <u>Préparez la pâte :</u> dans un bol, **délayez la levure dans de l'eau tiède avec le sucre.**

② **Séparez les blancs des jaunes d'œufs.**

③ **Mettez la farine dans un saladier, ajoutez les jaunes d'œufs, le beurre** préalablement **fondu puis la levure et le sel.**

④ **Battez les blancs d'œufs en neige puis incorporez-les à la pâte.**

⑤ **Laissez lever 30 min.**

⑥ **Pétrissez la pâte quelques minutes puis laissez-la lever de nouveau 30 min.**

⑦ Préchauffez le four à 180 °C (th. 6).

⑧ Pendant ce temps, <u>préparez la crème :</u> dans une casserole, **faites bouillir 1 l de lait avec le sucre.**

⑨ Dans un saladier, **mélangez la farine, la Maïzena, les jaunes d'œufs et 25 cl de lait. Ajoutez la vanille.**

⑩ **Versez ce mélange dans le lait bouillant,** mélangez puis portez à ébullition.

⑪ **Étalez la pâte puis garnissez-en un moule à manqué. Versez la crème dessus.**

⑫ **Enfournez** la tarte et laissez cuire **40 à 45 min.**

Top des avis :

❝ Très bonne. J'aime aussi la variante avec des pruneaux macérés dans le rhum. ❞ **Doodile**

« Une pâte briochée magnifique et une crème extrêmement goûteuse. Ne changez rien ! »
Anonyme

TARTE AMANDINE AUX MYRTILLES

recette proposée par **Magalie_70**

<u>Pour 6 personnes :</u>

Très facile ⊕ - Moyen ⊜⊜⊜
Préparation 10 min - Cuisson 35 min

Pâte brisée (1 rouleau)
Myrtilles fraîches ou surgelées
(350 g)
Poudre d'amandes (60 g)
Maïzena (1 c. à soupe)
Sucre (80 g) - Œufs (2)
Crème fraîche (20 cl)
Beurre

① Préchauffez le four à 230 °C (th. 7-8).

② **Déposez la pâte brisée dans un moule à tarte** préalablement beurré.

③ **Posez les myrtilles** sur le fond de pâte (si elles sont surgelées, il n'est pas nécessaire de les décongeler).

④ **Cassez les œufs** dans un saladier, **ajoutez la Maïzena** délayée dans 1 c. à soupe d'eau, **la crème fraîche, le sucre et la poudre d'amandes.** Mélangez bien le tout.

⑤ **Versez cette préparation sur les myrtilles.**

⑥ **Enfournez** et laissez cuire pendant **30 à 35 min.**

⑦ Servez tiède ou froid.

> **Top des avis :**
>
> ❝Très bon ! Petite astuce : mettez quelques graines de couscous sur le fond de la pâte pour absorber le jus et conserver une pâte croustillante.❞ **maryse_750**

❝Excellente tarte. Ça vaut la peine de faire soi-même sa pâte brisée, ça change tout ! ❞
jeab

FRANCE

TARTE BOURDALOUE AUX POIRES

recette proposée par **edhelinou**

Pour 6 personnes :

Facile ● - Moyen ●●●

Préparation 15 min - Cuisson 35 min

Pâte sablée (1 rouleau)
Poires au sirop (1 grosse boîte)
Poudre d'amandes (125 g)
Sucre roux (125 g)
Extrait de vanille liquide
(1 c. à café)
Œufs (2)
Beurre (125 g)

① Préchauffez le four à 180 °C (th. 6).

② **Faites ramollir le beurre.**

③ **Préparez la crème d'amandes en mélangeant** dans un saladier **le beurre, le sucre, la poudre d'amandes, les œufs, un peu de sirop des poires** (à prélever de la boîte) **et l'extrait de vanille.**

④ **Étalez la pâte sablée dans un moule** à tarte, **piquez-la** avec une fourchette.

⑤ **Coupez chaque demi-poire égouttée en lamelles en conservant sa forme.**

⑥ **Disposez les demi-poires en étoile sur la pâte.**

⑦ **Versez la crème d'amandes par-dessus.**

⑧ **Enfournez** et laissez cuire **35 min.**

Top des avis :

66 Avec des poires conférence fraîches, c'est encore meilleur ! Par contre, j'ai augmenté un peu la cuisson. 99 **Kaderra**

TARTE AU SUCRE

recette proposée par **JeanPierre_121**

<u>Pour 6 personnes :</u>
Facile ◖ - Bon marché ●◉◎
Préparation 20 min - Cuisson 30 min
Repos 2 h

Levure de boulanger (10 g)
Cassonade (150 g)
Farine (300 g)
Beurre (200 g)
Œufs (2)
Sucre (30 g)
Lait (10 cl)
Crème liquide (10 cl)
Sel (1 pincée)

> <u>Astuce :</u>
> Remplacez la cassonade
> par de la vergeoise blonde
> ou du sucre muscovado
> (en magasin bio).

❶ **Délayez la levure avec un peu d'eau tiède** (ou de lait) dans un bol et laissez reposer quelques minutes.

❷ **Coupez 150 g de beurre en petits morceaux et faites-le un peu ramollir.**

❸ Dans un saladier, **faites un puits avec la farine.**

❹ **Ajoutez le sucre, une pincée de sel et les 150 g de beurre.**

❺ **Délayez un œuf entier avec la levure et ajoutez le tout à la préparation. Malaxez** (à la main ou au robot) jusqu'à l'obtention d'une pâte homogène qui ne colle plus au saladier.

❻ **Formez une boule et laissez reposer** au moins **2 h** à température ambiante.

❼ Préchauffez le four à 210 °C (th. 7).

❽ Farinez le plan de travail, **pétrissez de nouveau la pâte quelques instants, puis abaissez-la sur 5 mm d'épaisseur et à la dimension de votre moule à tarte.**

❾ **Placez la pâte dans le moule** préalablement beurré. **Piquez-la** avec une fourchette.

❿ **Couvrez le fond de tarte de cassonade.**

⓫ Dans un grand bol, **battez l'œuf restant avec le lait et la crème liquide puis répartissez ce mélange sur le sucre.**

⓬ **Parsemez de 50 g de beurre coupé en noisettes.**

⓭ **Enfournez** et laissez cuire environ **30 min** en veillant à ce que la pâte ne brûle pas.

⓮ Dégustez tiède avec des fruits rouges par exemple.

> <u>Top des avis :</u>
>
> 66 Moelleuse, divine, un régal ! Je l'ai faite avec de la levure en sachet, aucun souci. J'ai réduit le temps de cuisson à 20 min et baissé un peu la température. 99
> **Lolita_4**

MANNELES

recette proposée par **carala67**

Pour 6 personnes :
Facile 🌕 - Bon marché ⬤⬤◎
Préparation 1 h - Cuisson 25 min
Repos 2 h

**Levure de boulanger express
(1 sachet)
Gel alimentaire
(2 tubes : blanc et rose)
Étoiles en sucre**
Œufs (2) - Beurre (150 g)
Farine (500 g) - Lait tiède (15 cl)
Sucre (80 g) - Sucre vanillé (1 sachet)

❶ Dans un saladier, **mélangez la farine, les sucres, les œufs, le beurre** préalablement **ramolli, la levure de boulanger et le lait tiède. Pétrissez** jusqu'à obtenir une pâte élastique.

❷ **Couvrez le saladier avec un torchon puis laissez lever 1 h** à température ambiante. Préchauffez le four à 180° C (th.6).

❸ **Prélevez des boules de 5 cm de diamètre environ, formez des boudins** et placez-les sur 2 plaques antiadhésives.

❹ **Entaillez-les aux ciseaux de manière à former la tête, les bras et les jambes. Dessinez les yeux et les boutons avec le gel et placez les étoiles en sucre. Laissez doubler de volume** à température ambiante 1 h.

❺ **Enfournez** et laissez cuire **20 à 25 min environ.**

NOUGAT NOIR

recette proposée par **Jacqueline**

Pour 12 personnes :
Facile 🌕 - Moyen ⬤⬤◎
Préparation 10 min - Cuisson 35 min

**Amandes entières non épluchées
(1 kg)
Miel de lavande (1 kg)
Papier d'hostie (4 ou 5 feuilles,
25 x 30 cm)**

La recette filmée du nougat noir

❶ Prenez 4 ou 5 barquettes d'aluminium de 50 cl. **Disposez au fond de chaque barquette une double épaisseur d'hostie.**

❷ **Passez les amandes 5 min à four chaud (180 °C - th. 6).**

❸ **Versez le miel dans une casserole à fond épais. Portez à ébullition** en remuant de temps en temps.

❹ **Versez toutes les amandes dans le miel bouillant et laissez cuire** en remuant toujours jusqu'à ce que le miel brunisse.

❺ Retirez du feu et **versez doucement la préparation dans les barquettes en aluminium. Tassez bien.**

❻ **Posez 1 ou 2 rectangles de papier hostie sur le nougat. Posez un poids dessus** et laissez refroidir.

❼ **Démoulez** le nougat au moment de sa consommation. Déposez-le sur une planche et **coupez des morceaux avec un couteau** à grande lame rigide.

“ Pensez à enduire vos bonshommes de dorure afin qu'ils prennent un peu de couleur ! ”
Audrey_2694

“ Aussi facile à faire que bon à déguster. L'idée du moule jetable supprime définitivement le cauchemar du démoulage. ”
Corinne13

POMPE DE NOËL

recette proposée par **Jacqueline**

<u>Pour 8 personnes (2 pompes):</u>
Facile ● - Moyen ●●●
Préparation 15 min - Cuisson 15 min
Repos 6 h

**Levure de boulanger fraîche
(1 cube, 42 g)
Eau de fleur d'oranger
(2 à 5 c. à soupe)
Zeste d'orange non traitée (1)
Farine (600 g)
Œufs (2)
Jaune d'œuf (1)
Sucre (150 g)
Huile d'olive (10 à 15 cl)
Sel (1 pincée)**

Astuce :

On peut préférer la pompe de Noël au beurre, dans ce cas, remplacez l'huile d'olive par 200 g de beurre fondu et refroidi ; la préparation et les temps de repos de la pâte restent les mêmes.

① Dans un bol, **délayez la levure dans 20 cl d'eau tiède avec 100 g de farine et une pincée de sucre. Laissez reposer** ce levain à température ambiante pendant **2 h.**

② Dans un saladier, **versez le reste de la farine** préalablement tamisée, **l'huile d'olive, le sucre, les œufs entiers, une pincée de sel, l'eau de fleur d'oranger, le zeste d'orange** préalablement **râpé et un demi-verre d'eau. Malaxez bien l'ensemble** (on peut utiliser un robot à la vitesse minimum).

③ **Incorporez le levain et mélangez** de manière à obtenir une pâte homogène.

④ **Mettez la pâte en boule dans un saladier,** couvrez-la d'un torchon et **laissez gonfler 3 h** dans un endroit tiède.

⑤ **Pétrissez la pâte, divisez-la en deux parts égales puis étalez chaque pâton** en un disque de 2 cm d'épaisseur environ.

⑥ **Déposez-les sur deux plaques** préalablement **huilées, pratiquez des entailles rayonnantes** à 2 ou 3 cm du centre du disque et **laissez reposer encore 1 h.**

⑦ Préchauffez le four à 150 °C (th. 5).

⑧ **Dorez les pâtes au jaune d'œuf battu, enfournez** et laissez cuire **10 à 15 min**, avec un bol d'eau pour humidifier l'air du four et favoriser le gonflement du gâteau. Surveillez la fin de la cuisson.

⑨ Dégustez tiède ou froid.

<u>Top des avis :</u>

❝ J'ai mis du lait à la place de l'eau, ce qui nous rapproche de la recette de la mouna. Je divise les brioches en deux et les congèle.❞ **Christine_290**

❝ Super recette… La meilleure que j'ai mangée! Bien meilleure que celle achetée chez le boulanger!❞ **oceanekeke**

> **"** Très facile à réaliser.
> Pour avoir un goût
> d'amande plus prononcé,
> préférez la poudre
> d'amandes grise. **"**
> **KROQUETTE**

ALSACE

BISCUITS DE NOËL AUX AMANDES

recette proposée par **Catherine_176**

Pour 30 biscuits :

Facile 🄴 - Bon marché 🄴🄴🄴
Préparation 30 min - Cuisson 10 min

Poudre d'amandes (100 g)
Farine (280 g)
Beurre (210 g)
Sucre (70 g)
Sucre vanillé (20 g)
Sucre glace (20 g)

① Préchauffez le four à 200 °C (th. 6-7).

② Dans un saladier, **mélangez** du bout des doigts **la farine, le sucre, la poudre d'amandes et le beurre** préalablement **coupé en morceaux.**

③ Avec la pâte ainsi obtenue, **formez des petits cylindres.**

④ **Aplatissez-les puis façonnez-les en forme de croissants.**

⑤ **Disposez les petits croissants sur une plaque beurrée** (de préférence recouverte de papier sulfurisé).

⑥ **Enfournez** et laissez cuire pendant environ **10 min** : les biscuits ne doivent pas colorer.

⑦ Dès la sortie du four, décollez les biscuits de la plaque et **roulez-les dans un mélange sucre vanillé-sucre glace.**

⑧ **Laissez les biscuits refroidir complètement** puis conservez-les dans une boîte hermétique.

Top des avis :

" J'ai remplacé la poudre d'amandes par de la poudre de noisettes et le résultat est succulent. **" Fsalami1**

BRETAGNE

PALETS BRETONS

recette proposée par **Berengere_72**

Pour 15 palets :

Très facile ☺ - Bon marché ⊜⊜⊜
Préparation 10 min - Cuisson 30 min
Repos 2 h

**Fleur de sel de Guérande
(2 pincées)**
Jaunes d'œufs (2)
Sucre (80 g)
Beurre (80 g)
Farine (140 g)
Levure (½ sachet)

① Dans un saladier, **mélangez les jaunes d'œufs et le sucre.**

② **Ajoutez le beurre** préalablement **coupé en dés, puis la farine et la levure.**

③ Dans un bol, **écrasez un peu la fleur de sel et ajoutez-la à la pâte.**

④ **Faites un boudin et enveloppez-le** dans un film alimentaire. **Laissez reposer 2 h** au réfrigérateur.

⑤ Préchauffez le four à 180 °C (th. 6).

⑥ **Découpez le boudin en disques de 1 cm d'épaisseur.** Disposez-les sur une plaque recouverte de papier sulfurisé.

⑦ **Enfournez** et laissez cuire **20 à 30 min.**

Top des avis :

❝Cette recette est excellente! Avec 4 jaunes d'œufs, ils sont encore meilleurs et ont une superbe couleur dorée.❞
currycoco

179
DESSERTS

❝J'ai remplacé le beurre et la fleur de sel par du beurre demi-sel, tout simplement!❞
fanfanpetra

CROQUANTS AUX AMANDES ET À L'HUILE D'OLIVE

recette proposée par **Jeanne**

Pour 6 personnes :

Très facile 🌶 - Moyen 💰💰💰

Préparation 15 min - Cuisson 1 h 10

Amandes entières (100 g)
Poudre d'amandes (60 g)
Extrait d'amande amère (1 c. à café)
Œuf (1)
Sucre (150 g)
Farine (100 g)
Levure chimique (½ sachet)
Huile d'olive (4 c. à soupe)

① Préchauffez le four à 220 °C (th. 7-8).

② **Coupez les amandes en deux** dans le sens de la longueur.

③ Dans un saladier, **mélangez tous les ingrédients sauf les amandes coupées**, jusqu'à l'obtention d'une pâte lisse.

④ **Ajoutez les amandes.**

⑤ Farinez généreusement le plan de travail.

⑥ **Avec la pâte, confectionnez 1 ou 2 boudins** pas trop gros.

⑦ **Déposez-les sur une plaque** garnie de papier sulfurisé, **enfournez** et laissez cuire **15 à 20 min.**

⑧ Sortez les boudins et **découpez-les en morceaux de 2 cm de large environ.**

⑨ **Baissez la température du four à 100 °C (th. 3-4), enfournez de nouveau et poursuivez la cuisson pendant 50 min.**

⑩ Une fois cuits, laissez les croquants sécher dans le four.

❝ J'ai remplacé 1 c. à soupe d'huile par 1 c. à soupe d'eau de fleur d'oranger, indispensable pour le côté « Sud ». Adoptés à l'unanimité. ❞
mirande

66 Essayez la même recette en remplaçant la cannelle par le jus et le zeste d'un citron non traité. C'est exquis ! 99
jammy

ALSACE

LOSANGES À LA CANNELLE

recette proposée par **carala67**

Pour 8 personnes :

Facile ● - Bon marché ●●●

Préparation 15 min - Cuisson 20 min

Beurre (200 g)
Œuf (1)
Cannelle en poudre (3 c. à soupe)
Farine (300 g)
Sucre (150 g)

① Préchauffez le four à 160 °C (th. 5-6).

② Dans un saladier, **battez l'œuf avec le sucre**.

③ Lorsque le mélange est onctueux, **ajoutez le beurre** préalablement **fondu et la cannelle, puis la farine**.

④ **Étalez la pâte à l'aide d'une spatule métallique sur une plaque** ou une tôle bien beurrée, sur 1 cm d'épaisseur.

⑤ **Lissez le dessus puis enfournez** et laissez cuire environ **20 min** (surveillez la cuisson).

⑥ Dès la sortie du four, **découpez directement dans le moule des losanges** et, à l'aide d'une spatule, disposez-les sur une grille puis laissez-les refroidir.

Top des avis :

66 J'en ai fait aussi en rajoutant du chocolat en poudre à la pâte et ça a été un grand succès. 99 **Lili_8**

NAVETTES MARSEILLAISES

recette proposée par **Pitchoune**

Pour 8 personnes :

Facile 🌓 - Bon marché 💶💶💶
Préparation 30 min - Cuisson 20 min

**Eau de fleur d'oranger
(8 c. à soupe)**
Farine (750 g)
Œufs (3)
Sucre (350 g)
Levure chimique (½ sachet)
Beurre (70 g)
Sel (1 pincée)

① Préchauffez le four à 180 °C (th. 6).

② Dans un saladier, **mélangez la farine et la levure chimique.**

③ **Creusez un puits, mettez au milieu le beurre** préalablement **ramolli, les œufs** préalablement **battus, le sel, le sucre et l'eau de fleur d'oranger.**

④ **Mélangez le tout à l'aide d'une spatule,** en partant du milieu, puis continuez de mélanger avec le bout des doigts. Ajoutez un peu d'eau si nécessaire pour obtenir une pâte bien liée.

⑤ **Formez une trentaine de gâteaux en forme de bateau, déposez-les sur une plaque** garnie de papier sulfurisé. **Façonnez les 2 extrémités en pointe et creusez le milieu avec la pointe d'un couteau.**

⑥ **Enfournez** et laissez cuire **20 min environ.** Détachez-les de la plaque dès la sortie du four.

GALETTES BRETONNES

Pour 20 galettes :

Très facile 🌓 - Bon marché 💶💶💶
Préparation 40 min - Cuisson 15 min
Repos 30 min

Farine (250 g) - Sucre (100 g)
Œuf (1) - Jaune d'œuf (1)
Sucre vanillé (1 sachet)
Beurre (60 g)
Lait (3 c. à soupe)
Sel (1 pincée)
Cannelle en poudre (1 pincée)

① Dans une terrine, **mélangez la farine, le beurre, les sucres, l'œuf entier, le lait, le sel et la cannelle.**

② **Pétrissez** jusqu'à obtenir une pâte ferme.

③ Formez une boule et **laissez reposer 30 min.**

④ Préchauffez le four à 180 °C (th. 6).

⑤ **Divisez la pâte en morceaux de la grosseur d'un œuf puis aplatissez-les** en appuyant dessus avec une boîte farinée.

⑥ **Dorez les galettes au jaune d'œuf et rayez-les** avec la lame d'un couteau.

⑦ **Enfournez** et laissez cuire **15 min.**

“ J'ai divisé la pâte en deux et j'ai aromatisé une moitié à la fleur d'oranger (5 c. à soupe) et l'autre moitié au pastis (2 bouchons). Très bonne recette ! ”
cams43260

“ Je ne mets pas de cannelle, mais de la fleur d'oranger diluée dans le lait. ”
Anonyme

CORSE

CANISTRELLI

recette proposée par **Jeanne**

Pour 4 personnes :
Très facile ☺ - Bon marché ●€€
Préparation 10 min - Cuisson 20 min

Vin blanc (8,5 cl)
Farine (250 g)
Huile d'arachide (80 cl)
Sucre (85 g)
Levure chimique (½ sachet)
Beurre (pour la plaque)

① Préchauffez le four à 180 °C (th. 6).

② Dans un saladier, **mélangez tous les ingrédients** de manière à obtenir une pâte lisse.

③ Farinez un plan de travail et **étalez la pâte sur une épaisseur de 1 cm** à l'aide d'un rouleau à pâtisserie.

④ Avec une roulette (ou un simple couteau), **découpez des rectangles ou des losanges**.

⑤ **Disposez-les sur une plaque beurrée.**

⑥ **Enfournez** et laissez cuire **10 min** : les canistrelli vont gonfler un peu et dorer légèrement ; ils ne doivent pas brunir.

⑦ **Au bout de 10 min, baissez la température du four à 150 °C (th. 5) et laissez cuire 10 min supplémentaires.**

⑧ **Laissez refroidir** puis conservez dans une boîte en fer.

Top des avis :

66 Recette très simple, résultat assuré ! J'ai ajouté le zeste râpé d'un citron non traité. 99 **paprica**

AQUITAINE
CANNELÉS

recette proposée par **Helene**

Pour 16 cannelés:

Très facile ⊕ - Bon marché ●☺☺

Préparation 10 min - Cuisson 1 h 05
Repos 24 h

Lait entier (50 cl)
Vanille (½ gousse ou ½ c. à café d'extrait)
Rhum (3 c. à soupe)
Œufs (2)
Jaunes d'œufs (2)
Farine (100 g)
Sucre (200 g)
Beurre (25 g)

① <u>La veille :</u> dans une casserole, **faites bouillir le lait avec la vanille et le beurre** préalablement **coupé en dés.**

② Dans un saladier, **mélangez la farine et le sucre puis incorporez les œufs d'un seul coup.** Mélangez bien.

③ **Versez dessus le lait bouillant. Mélangez** doucement.

④ **Laissez refroidir, puis ajoutez le rhum.**

⑤ **Placez 24 h au réfrigérateur.**

⑥ <u>Le lendemain :</u> **sortez la pâte du réfrigérateur au moins 1 h avant la cuisson.**

⑦ Préchauffez le four à 270 °C (th. 9).

⑧ **Posez des moules à cannelés sur une plaque** allant au four.

⑨ **Remplissez les moules de pâte aux trois quarts.**

⑩ **Enfournez,** laissez cuire **5 min** puis **baissez la température du four à 180 °C (th. 6) et poursuivez la cuisson pendant 1 h.**

185
DESSERTS

❝ J'ai fait chauffer un peu de rhum brun avec un bâton de cannelle pour verser sur les cannelés. ❞
Pichou1984

PAIN D'ÉPICES

Pour 1 pain d'épices :
Facile ⊕ - Moyen €€€
Préparation 15 min - Cuisson 50 min
Repos 24 h

Miel (250 g) - Anis vert (1 c. à café)
Muscade râpée (1 c. à café)
Cannelle en poudre (1 c. à café)
Gingembre en poudre (1 c. à café)
Quatre-épices (1 c. à café)
Farine (250 g) - Sucre (100 g)
Levure chimique (1 sachet)
Sucre vanillé (1 sachet) - Œufs (2)
Lait (10 cl) - Beurre

❶ Préchauffez le four à 160 °C (th. 5-6).

❷ Dans un saladier, **mélangez la farine, la levure, les sucres et toutes les épices.**

❸ **Faites chauffer le miel** dans une casserole ou au micro-ondes **puis versez-le bien chaud dans le saladier.** Remuez à l'aide d'une cuillère en bois.

❹ **Incorporez petit à petit les œufs puis le lait** préalablement tiédi pour amalgamer le tout.

❺ **Versez la préparation dans un moule à cake bien beurré et fariné. Enfournez** et laissez cuire pendant **50 min.**

❻ Démoulez le pain d'épices lorsqu'il a totalement refroidi. **Attendez 24 h au minimum avant de le déguster.** Il se garde une semaine, enveloppé dans du papier d'aluminium.

BUGNES

Pour 4 personnes :
Très facile ⊕ - Bon marché €€€
Préparation 20 min - Cuisson 20 min
Repos 1 h

Cognac (1 c. à café)
Farine (500 g)
Œufs (3)
Sucre (2 c. à soupe)
Crème liquide (12,5 cl)

Huile pour friture (1 l)
Sucre glace

❶ Dans un saladier, **mélangez le sucre et la crème liquide.**

❷ **Ajoutez les autres ingrédients** (sauf l'huile et le sucre glace) **et mélangez vivement** de manière à obtenir une pâte lisse.

❸ **Laissez reposer 1 h.**

❹ **Étalez la pâte** au rouleau, puis **découpez-la en rectangles.**

❺ Étalez ces derniers afin qu'ils soient les plus fins possibles.

❻ **Faites chauffer l'huile** dans une sauteuse puis **faites-y frire les rectangles de pâte :** ils doivent être bien dorés.

❼ **Égouttez-les puis saupoudrez-les de sucre glace.**

> **Top des avis :**
>
> ❝ J'ai étalé ma pâte avec une machine à pâte, ça m'a fait gagner beaucoup de temps ! ❞ anthu

“À la place de toutes les épices citées, j'ai mis 5 cuillères de mélange d'épices pour pain d'épices! C'était réussi!”
audrey0504

“Au lieu de mettre de la crème, je mets du lait et un peu de beurre fondu, et je remplace le cognac par du rhum.”
Romue

CHURROS

recette proposée par **sophie0681**

Pour 30 churros :

Facile ◐ - Bon marché ●◉◉

Préparation 10 min - Cuisson 10 min

Repos 1 h

Huile de pépins de raisin (1 l)
Farine (225 g)

Œufs (2)

Sucre (60 g)

Beurre (60 g)

Sel (1 pincée)

> **Astuce :**
> Vérifiez la température du bain d'huile : il ne doit jamais dépasser les 200 °C au risque de voir vos churros « exploser ».

❶ Dans une casserole, **faites bouillir 25 cl d'eau avec le beurre, le sel et 2 pincées de sucre.**

❷ **Tamisez la farine** dans un saladier, **creusez une fontaine et versez-y l'eau bouillante en remuant** avec une cuillère en bois : vous allez obtenir rapidement une pâte épaisse mais de texture homogène.

❸ **Battez les œufs** dans un bol **puis incorporez-les à la préparation,** mélangez.

❹ **Laissez la pâte reposer 1 h** au frais.

❺ **Faites chauffer l'huile dans une friteuse** à 180 °C (ou à défaut dans une casserole, **l'huile doit être chaude** mais non fumante).

❻ **Placez la pâte dans une poche à douille** cannelée n° 10.

❼ **Pressez des bandes de pâte de 10 cm de long, puis plongez-les dans la friture** : posez-les sur du papier sulfurisé ou sur une assiette et versez dans le bain de friture ensuite). **Opérez en plusieurs fois** pour que les beignets ne collent pas les uns aux autres.

❽ **Laissez-les dorer, retournez-les** dans la friture avec une écumoire.

❾ Retirez-les et **égouttez-les** sur du papier absorbant.

❿ **Saupoudrez les churros de sucre en poudre** et servez-les tièdes.

> **Top des avis :**
>
> ❝Super recette ! Pour plus de goût, ajoutez de la fleur d'oranger, du rhum ou du kirsch.❞ **famillenollet**
>
> ❝J'ai opté pour une douille plus petite pour être sûre que la pâte soit cuite et mes churros bien dorés !❞ **chupina**

« Très bon ! J'ai juste ajouté
de la vanille liquide dans la pâte. »
Ilhemz

OREILLETTES

recette proposée par **gigi**

<u>Pour 4 personnes :</u>

Très facile ☺ - Bon marché ●☺☺
Préparation 20 min - Cuisson 5 min
Repos 2 h

**Levure de boulangerie sèche
(1 sachet)
Zeste d'orange non traitée (1)
Zeste de citron non traité (1)
Eau de fleur d'oranger (3 c. à café)
Rhum (3 c. à soupe)
Huile pour friture (1 l)**
Farine (500 g) - Œufs (3)
Beurre (50 g) - Sucre (3 c. à soupe)
Sucre vanillé (2 sachets)
Sel (1 pincée) - Sucre glace

❶ Dans un saladier, **mélangez tous les ingrédients (sauf le sucre glace et l'huile) jusqu'à obtenir une pâte lisse.**

❷ **Placez la préparation dans un plat en terre cuite, couvrez avec un linge humide et laissez reposer 2 h.**

❸ **Abaissez la pâte sur un plan de travail fariné sur une épaisseur de 5 mm** environ puis **découpez** selon la forme désirée (carré, rectangle…).

❹ **Faites chauffer l'huile** dans une casserole.

❺ **Plongez les morceaux de pâte dans l'huile chaude** mais non fumante. Laissez cuire quelques minutes, sortez-les dès qu'ils sont dorés.

❻ **Déposez sur un papier absorbant et saupoudrez de sucre glace**. Servez aussitôt.

❝ Seule petite différence, je mets mes zestes de citron et d'orange à macérer dans du rhum, la veille.❞
Helene_3389

> **J'aime aussi la variante avec de la poudre d'amandes à la place des noix. Un délice!**
> **Grabotte**

ALSACE

BEIGNETS ALSACIENS (SCHANKALA)

Pour 4 personnes :

Très facile ⊕ - Bon marché ⊚©©
Préparation 15 min - Cuisson 10 min

Farine complète (500 g)
Noix hachées (100 g) - Citron (1)
Zeste d'orange non traitée (1)
Huile pour friture (1 l)
Cacao amer (2 c. à soupe)
Œufs (4) - Sucre (150 g + 4 c. à soupe)
Beurre (150 g) - Cannelle (2 c. à café)

Réaliser la pâte à beignets

① **Pressez le citron.**

② Dans un saladier, **mélangez le beurre** préalablement **fondu et la farine.**

③ **Ajoutez**, petit à petit, **les noix, le jus de citron, le zeste d'orange, les œufs, le cacao et 150 g de sucre.** Mélangez jusqu'à l'obtention d'une pâte ferme.

④ **Réalisez des petits boudins de pâte** (farinez vos mains).

⑤ **Faites chauffer l'huile** dans une casserole.

⑥ **Faites dorer les boudins de pâte dans l'huile** jusqu'à ce qu'ils soient bien dorés.

⑦ **Sortez les beignets à l'aide d'une écumoire**, laissez-les refroidir sur du papier absorbant.

⑧ Dans une assiette, **mélangez le sucre restant et la cannelle.**

⑨ **Roulez les beignets dans le mélange sucre-cannelle** puis dégustez.

❝J'ai suivi la recette à la lettre. Parfait ! Simplement, la prochaine fois (et il y en aura rapidement une !), j'ajouterai 30 g de sucre.**❞**
Jaccri

POGNE DAUPHINOISE

Pour 6 personnes :
Moyennement difficile ●
Bon marché ●◎◎
Préparation 20 min - Cuisson 15 min
Repos 3 h 15 minimum

Zeste de citron non traité (1)
Zeste d'orange non traitée (1)
Eau de fleur d'oranger (2 c. à café)
Pralines roses (12)
Œufs (4)
Farine (250 g)
Sel (3 g)
Sucre (50 g)
Levure chimique (1 sachet)
Beurre (70 g)

Astuce :
Vous pouvez également varier en remplaçant les pralines roses par des amandes ou des fruits confits.

① Dans un saladier, **mélangez 3 œufs, le sel, le sucre, la levure, les zestes et l'eau de fleur d'oranger.**

② **Ajoutez la farine. Pétrissez** vigoureusement : il faut travailler longuement pour obtenir une pâte très élastique.

③ **Incorporez le beurre en plusieurs fois** et pétrissez encore quelques instants.

④ **Ramassez bien la pâte, recouvrez-la d'un linge, laissez-la reposer et lever pendant 1 h.**

⑤ **Pétrissez à nouveau la pâte,** repliez-la plusieurs fois sur elle-même. **Laissez lever une seconde fois pendant 1 h.**

⑥ **Pétrissez à nouveau la pâte puis laissez reposer encore 15 min.**

⑦ Préchauffez le four à 160 °C (th. 5-6).

⑧ **Formez un trou au centre de manière à former une couronne.** Procédez en plusieurs fois car la pâte se rétracte.

⑨ Posez la couronne sur une feuille de papier sulfurisé. **Dorez à l'aide d'un pinceau avec l'œuf restant battu.**

⑩ **Laissez lever la pogne** à température ambiante 1 h pour qu'elle double de volume. **Dorez une seconde fois avec l'œuf battu.**

⑪ **À l'aide de ciseaux, incisez la partie supérieure de la pogne.** Trempez les pointes des ciseaux à chaque fois dans l'eau froide.

⑫ Posez les pralines dans les incisions.

⑬ **Enfournez** et laissez cuire **10 à 15 min** : surveillez attentivement la coloration.

⑭ Sortez la pogne et déposez-la sur une grille. Dégustez tiède.

Top des avis :

❝ La pâte n'est pas toujours facile à manipuler quand on intègre le beurre. Ne pas hésiter à fariner ses mains. Mais le jeu en vaut la chandelle car la pogne est succulente. ❞
Marlene_38

TARTE TROPÉZIENNE

<u>Pour 6 personnes :</u>
Moyennement difficile ●
Bon marché ●☺☺
Préparation 45 min - Cuisson 25 min
Repos 2 h 20

<u>Pour le biscuit :</u>
Levure de boulangerie (12 g)
Farine (250 g) - Lait (10 cl)
Beurre (50 g) - Sel (2 pincées)
Sucre (30 g) - Œuf (1)

<u>Pour la crème :</u>
Maïzena (15 g)
Vanille (1 gousse)
Eau de fleur d'oranger
(1 c. à soupe)
Lait (25 cl) - Œufs (3)
Jaune d'œuf (1) - Sucre (80 g)
Sucre glace - Farine (15 g)

<u>Pour le glaçage :</u>
Beurre (50 g) - Sucre (50 g)
Miel (1 c. à soupe)

<u>Pour la déco :</u>
Sucre perlé (30 g)

Astuce :
Préférez un sucre casson de gros calibre (plus le calibre est élevé, plus le grain est fin), n° 12 par exemple.

① <u>Préparez le biscuit :</u> dans un bol, **délayez la levure avec le lait** préalablement **tiédi. Tamisez la farine et le sel** dans un bol.

② Dans un saladier, **versez la levure délayée, incorporez assez de farine** pour avoir un pâton souple.

③ **Incisez la pâte, poudrez-la de farine et couvrez-la d'un linge, puis laissez-la lever 30 min** à température ambiante.

④ Ensuite, **incorporez l'œuf, le sucre et le reste de farine, puis enfin le beurre. Battez vigoureusement** pendant 10 min jusqu'à ce que la pâte se détache des parois du bol. **Laissez lever encore 30 min** sous un torchon.

⑤ **Malaxez la pâte et attendez de nouveau 30 min.**

⑥ <u>Préparez la crème :</u> **portez le lait à ébullition avec la gousse de vanille fendue en deux puis laissez infuser 20 min.**

⑦ Séparez les blancs des jaunes (réservez les blancs). Dans un saladier, **battez les jaunes d'œufs avec le sucre** jusqu'à ce que le mélange blanchisse. **Incorporez la farine, la Maïzena et peu à peu le lait** préalablement **tiédi.**

⑧ **Transvasez dans une casserole et faites bouillir 1 min** en remuant, jusqu'à l'obtention d'une crème homogène.

⑨ **Versez-la dans un saladier, poudrez-la de sucre glace et laissez-la refroidir** au réfrigérateur.

⑩ **Pétrissez la pâte levée** quelques instants puis **étalez-la en un disque de 2 cm d'épaisseur. Posez ce disque sur une plaque de cuisson** préalablement beurrée et farinée, **et laissez-le à nouveau lever 30 min.**

⑪ Préchauffez le four à 180 °C (th. 6).

⑫ **Dans une casserole, faites fondre les ingrédients du glaçage, laissez refroidir puis badigeonnez-en la pâte.**

⑬ **Enfournez** et laissez cuire **25 min.**

⑭ **Incorporez dans la crème pâtissière les blancs d'œufs montés en neige et l'eau de fleur d'oranger.**

⑮ **Coupez le biscuit en deux. Garnissez-le de crème et posez dessus le second disque. Décorez avec le sucre perlé.**

« Le résultat est concluant. La pâte
a bien levé, le glaçage a bien pris
à la cuisson. Merci beaucoup. »
isaitachi

BRIOCHE PICARDE

Pour 6 personnes :
Très facile ☺ - Bon marché 🪙🪙🪙
Préparation 25 min - Cuisson 30 min
Repos 1 h

Levure de boulanger fraîche (20 g)
Rhum (1 c. à soupe)
Farine (300 g) - Œufs (3)
Beurre (180 g) - Lait (2 c. à soupe)
Sucre (60 g) - Sel (½ c. à café)

Réaliser une pâte à brioche

❶ **Délayez la levure avec le lait** préalablement **tiédi**.

❷ Dans le bol de votre robot, **mettez la farine, les œufs, le sucre, le beurre coupé en petits morceaux, le sel, le rhum et la levure délayée**.

❸ **Battez doucement jusqu'à obtenir une pâte homogène** et un peu molle, comme une pâte à cake.

❹ **Versez cette pâte dans un moule à cake ou à brioche** beurré et fariné (ou en silicone) et **laissez lever 1 h** environ à température ambiante : la pâte doit doubler de volume.

❺ Préchauffez le four à 175 °C (th. 5-6).

❻ **Enfournez** et laissez cuire **25 à 30 min** : vérifiez la cuisson en y plantant la lame d'un couteau.

STREUSEL

recette proposée par **Babou**

Pour 8 personnes :
Facile ☺ - Bon marché 🪙🪙🪙
Préparation 15 min - Cuisson 40 min
Repos 1 h 30

Pour la brioche :
Levure de boulangerie sèche
(1 sachet)
Farine (500 g) - Beurre (150 g)
Œufs (3) - Jaune d'œuf (1)
Sucre (125 g) - Lait (20 cl)
Sel (1 pincée)

Pour le streusel :
Poudre d'amandes (125 g)
Cannelle en poudre (2 pincées)
Beurre (150 g) - Farine (150 g)
Sucre (150 g)

❶ Préparez la brioche : **versez la farine dans un saladier et incorporez au centre le sucre, le sel, la levure, le beurre** préalablement **ramolli, les œufs entiers et le lait** préalablement **tiédi. Mélangez** jusqu'à l'obtention d'une pâte homogène.

❷ Couvrez d'un linge et **laissez reposer 1 h.**

❸ Pendant ce temps, préparez le streusel : **mélangez tous les ingrédients** : vous devez obtenir des miettes type crumble. **Mettez de côté.**

❹ Au bout de 1 h, **déposez votre pâte à brioche dans un moule** (type moule à tarte) **beurré et fariné.** Couvrez d'un linge et **laissez reposer 30 min.**

❺ Préchauffez le four à 210 °C (th. 7).

❻ Dorez le dessus de la brioche avec le jaune d'œuf battu.

❼ **Répartissez le streusel sur le dessus.**

❽ **Enfournez** et laissez cuire **40 min.**

“ J'ai mis un peu de vanille liquide dans la pâte que j'ai préparée dans ma machine à pain. ”
Laurence_2020

“ Très très bon ! J'ai rajouté des lamelles de pommes entre la pâte et le streusel et j'ai eu beaucoup de succès. ”
valerie_224

« Très bonne recette ! J'ai laissé reposer la pâte toute la nuit, pas de soucis, elle était très réussie ! »
Titoune001

GÂCHE VENDÉENNE

Pour 1 brioche :

Facile ◐ - Coût ●©©
Préparation 40 min - Repos 7 h
Cuisson 40 min

Levure boulangère déshydratée
(25 g, soit 1 ou 2 sachets)
Eau de fleur d'oranger (1 c. à café)
Vanille (½ gousse)
Farine (550 g)
Sel (½ c. à soupe)
Œufs (3)
Sucre (110 g) - Beurre (110 g)
Crème fraîche (1,5 c. à soupe)
Lait (12,5 cl)

> ## Astuce :
> Si vous utilisez de la levure boulangère fraîche, délayez-la dans un peu de lait tiède puis mélangez-la avec la crème fraîche.

① Dans une casserole, **faites bouillir le lait avec la demi-gousse de vanille** fendue en deux.

② Dans un grand saladier, **mélangez la farine et la levure.**

③ Faites un puits au centre puis **ajoutez le sel, 2 œufs, le sucre et le beurre** préalablement **coupé en petits morceaux.**

④ **Travaillez la pâte en ajoutant le lait vanillé** (ôtez la gousse de vanille).

⑤ Dans un autre récipient, **mélangez la crème fraîche et l'eau de fleur d'oranger.**

⑥ **Ajoutez cette préparation à la pâte et travaillez-la** jusqu'à ce qu'elle soit souple et élastique.

⑦ Couvrez le saladier d'un linge et **laissez la pâte lever pendant 6 h** à température ambiante.

⑧ Lorsque la pâte est levée, **farinez la plaque du four et façonnez la pâte en forme de miche** ou placez-la dans un grand moule à cake.

⑨ **Laissez lever encore 1 h.**

⑩ Préchauffez le four à 180 °C (th. 6).

⑪ Dans un bol, **battez l'œuf restant et dorez-en la surface de la gâche.**

⑫ **Faites une incision au couteau** au milieu de la gâche.

⑬ **Enfournez** et laissez cuire **30 à 40 min.**

Top des avis :

❝ J'ai badigeonné la pâte de lait avant d'enfourner. Cette recette est parfaite ! ❞ Samia_28

199
DESSERTS

KOUGELHOPF

Pour 1 kougelhopf:

Moyennement difficile ◖

Bon marché ●◐◯

Préparation 1 h - Cuisson 50 min

Repos 2 h

Levure de bière fraîche (25 g)

Raisins secs (75 g)

Amandes entières (40 g)

Farine (500 g)

Sucre (75 g) - Sel (10 g)

Beurre (150 g) - Œufs (2)

Lait (20 cl)

Sucre glace

Astuce :

Remplacez la levure fraîche par deux sachets de levure de boulanger déshydratée et mélangez-la directement à la farine.

① **Faites gonfler les raisins** dans un bol d'eau tiède.

② Dans un bol, **diluez la levure dans 10 cl de lait et un peu de farine** afin d'obtenir une pâte. Laissez reposer jusqu'à ce que le mélange double de volume.

③ Dans un saladier, **mélangez la farine et le lait restants, le sel, le sucre et les œufs.**

④ **Pétrissez pendant 15 min** pour bien aérer la pâte.

⑤ **Ajoutez le beurre** préalablement **ramolli** et mélangez bien.

⑥ **Ajoutez ensuite la pâte qui a levé, puis pétrissez** encore quelques minutes jusqu'à ce qu'elle se détache des bords du récipient.

⑦ **Couvrez d'un linge et laissez reposer 1 h** dans un endroit tempéré (près d'un radiateur, par exemple).

⑧ **Incorporez ensuite les raisins égouttés.**

⑨ Beurrez généreusement un moule à kougelhopf.

⑩ **Déposez une amande dans chaque cannelure du moule.**

⑪ **Versez la pâte puis laissez-la reposer** jusqu'à ce qu'elle atteigne le bord du moule.

⑫ Préchauffez le four à 200 °C (th. 6-7).

⑬ **Enfournez** et laissez cuire **50 min.** Si la pâte dore un peu trop, couvrez-la d'une feuille de papier sulfurisé.

⑭ Laissez refroidir puis démoulez le kougelhopf sur une grille et **saupoudrez-le généreusement de sucre glace.**

Top des avis :

66 J'ai mis un peu plus de raisins et, comme je n'avais pas d'amandes entières, j'ai parsemé le fond du moule d'amandes effilées. Tout le monde s'est régalé !99 **jasoda**

66 Petite astuce pour démouler facilement les prochains kougelhopf : ne lavez pas le moule, frottez-le avec du gros sel et du papier essuie-tout pour enlever le plus gros des miettes. 99
Capette

BRETAGNE
KOUIGN AMANN

recette proposée par **Berengere_253**

Pour 8 personnes :

Moyennement difficile
Bon marché ⊜⊜⊜
Préparation 30 min - Cuisson 35 min
Repos 3 h 45

Beurre demi-sel (225 g)
Levure fraîche de boulanger (10 g)
Farine (250 g)
Sucre (200 g + 3 c. à soupe)
Sel (2 pincées)

Astuce :
Attention, le beurre doit être malléable mais pas trop mou.

La recette filmée du kouign amann

① Dans une tasse, **délayez la levure avec 3 c. à soupe d'eau tiède.**

② Dans un saladier, **mélangez la farine et le sel. Creusez un puits puis versez au centre la levure et 10 cl d'eau tiède.**

③ **Travaillez la pâte** sur le plan de travail fariné jusqu'à ce qu'elle devienne souple.

④ **Laissez lever 3 h** à température ambiante.

⑤ **Sortez 200 g de beurre** du réfrigérateur pour qu'il ramollisse.

⑥ **Beurrez un moule à manqué.**

⑦ Une fois que la pâte a triplé de volume, **abaissez-la sur le plan de travail en lui donnant une forme carrée** d'environ 1 cm d'épaisseur.

⑧ **Tartinez-la avec les 200 g beurre ramolli et saupoudrez de sucre** jusqu'à 3 cm des bords.

⑨ **Repliez la pâte en trois. Aplatissez-la très finement** au rouleau à pâtisserie.

⑩ **Repliez à nouveau en trois puis étalez en lui donnant une forme ronde.**

⑪ **Abaissez la pâte dans le moule à manqué et laissez reposer 30 min.**

⑫ Préchauffez le four à 210 °C (th. 7). Faites fondre le beurre restant.

⑬ **Faites cuire au four 35 min.** Au bout de 10 min, **arrosez le gâteau de beurre fondu** et recommencez ainsi toutes les 5 min jusqu'à la fin de la cuisson.

⑭ **Laissez reposer le gâteau 15 min** avant de le démouler puis **saupoudrez de 3 c. à soupe de sucre.**

⑮ Servez le kouign amann tiède.

Top des avis :

❝ PARFAIT… Je l'ai juste cuit quelques minutes de moins pour que le caramel soit moins foncé. ❞ **delsen35**

MILLAS TOULOUSAIN

recette proposée par **Paquito**

Pour 8 personnes :

Très facile ⊕ - Bon marché ©©©
Préparation 20 min - Cuisson 1 h 10

Potiron (1 kg) - Pomme (1 grosse)
Pruneaux dénoyautés (12)
Maïzena (6 c. à soupe)
Farine de froment ou de maïs
(1 c. à soupe)
Rhum (3 c. à soupe)
Extrait de vanille liquide
(½ c. à café)
Œufs (3) - Lait (40 cl)
Crème fraîche liquide (20 cl)
Beurre (30 g) - Sucre (120 g)

❶ **Faites cuire le potiron 10 min à la cocotte-minute.**

❷ **Prélevez la chair du potiron et écrasez-la** en purée.

❸ **Préchauffez le four à 210 °C (th. 7).**

❹ Dans un saladier, **mélangez la farine, la Maïzena, le lait et la crème fraîche.**

❺ Dans un bol, **battez les œufs en omelette. Ajoutez-les à la préparation avec le sucre, le beurre** préalablement **fondu, le rhum et la vanille.**

❻ **Pelez la pomme et coupez-la en fines lamelles.**

❼ **Mélangez la préparation avec les lamelles de pomme, les pruneaux et la purée de potiron.**

❽ **Versez le tout dans un plat à tarte** préalablement beurré. **Enfournez** et laissez cuire **45 min à 1 h.**

BOURDIN NORMAND

recette proposée par **Michael_20**

Pour 6 personnes :

Très facile ⊕ - Bon marché ©©©
Préparation 30 min - Cuisson 45 min

Pâte brisée (200 g)
Pommes (750 g)
Amandes effilées (50 g)
Calvados (1 c. à soupe)
Sucre (155 g)
Beurre (50 g)
Crème fraîche (50 g)
Œufs (2)

① **Préchauffez le four à 180 °C (th. 6).**

② **Étalez la pâte brisée** de manière à obtenir un disque d'un diamètre 2 cm plus grand que celui du moule.

③ **Déposez la pâte dans le moule** préalablement beurré en la laissant dépasser.

④ **Épluchez les pommes, ôtez leur cœur et coupez-les en quartiers. Disposez-les sur la pâte** sans les ranger.

⑤ **Saupoudrez 125 g de sucre et répartissez le beurre** coupé en fines lamelles.

⑥ **Rabattez la pâte sur les pommes** puis **enfournez 30 min.**

⑦ **Préparez une crème en battant au fouet les œufs entiers, la crème fraîche, le sucre restant et le calvados.**

⑧ **Recouvrez la tarte de cette crème, parsemez d'amandes effilées et remettez au four** pendant **15 min.** Servez chaud.

❝ Délicieux tiède, ou grillé à la poêle et saupoudré de sucre. Je l'ai fait sans pruneaux, très bon aussi. ❞
Marion_135

❝ Recette excellente mais je fais revenir les pommes auparavant dans le beurre. ❞
christophe_211

« Pour un cake moins compact, remplacez la moitié du beurre par de la crème fraîche. »
Anonyme

CAKE À LA FARINE DE CHÂTAIGNE

recette proposée par **pascale_65**

Pour 8 personnes :

Moyennement difficile ● - Moyen ●●◉
Préparation 20 min - Cuisson 45 min

Raisins secs (125 g)
Rhum (25 cl)
Noisettes (25 g) - Amandes (25 g)
Citron non traité (½)
Orange non traitée (½)
Écorces d'orange confites (25 g)
Farine de châtaigne (110 g)
Vanille liquide (quelques gouttes)
Farine (100 g)
Beurre (160 g)
Sucre glace (175 g)
Œufs (3)
Levure chimique (½ sachet)
Sel

Astuce :

Pour un goût de châtaigne encore plus prononcé, ajoutez quelques châtaignes fraîches ou des marrons glacés grossièrement hachés.

1. Préchauffez le four à 240 °C (th. 8).

2. **Mettez les raisins secs dans un bol et versez dessus suffisamment de rhum pour les recouvrir.** Laissez-les tremper le temps de préparer la pâte.

3. Dans un saladier, **travaillez le beurre** préalablement **ramolli en pommade avec le sucre glace tamisé.**

4. **Incorporez** ensuite **les œufs** un à un.

5. **Tamisez les farines avec la levure, puis incorporez-les petit à petit au mélange précédent.** Ajoutez une pincée de sel.

6. **Concassez les noisettes et les amandes.**

7. **Prélevez les zestes du citron et de l'orange**, après les avoir lavés et essuyés. **Hachez-les grossièrement ainsi que les écorces d'orange confites.**

8. **Égouttez les raisins secs et conservez le rhum.**

9. **Incorporez les amandes, les noisettes, les zestes, les écorces confites et les raisins secs à la pâte. Ajoutez l'extrait de vanille** et mélangez bien.

10. **Chemisez un moule à cake de papier sulfurisé puis versez-y la pâte.** Baissez la température du four à 160 °C (th. 5-6), **enfournez** et laissez cuire **45 min.**

11. **Sortez le gâteau du four**, démoulez-le immédiatement, puis arrosez-le généreusement de rhum, si vous le souhaitez.

Top des avis :

66 Excellente recette avec des saveurs très bien équilibrées. 99
Cecile_3835

GÂTEAU BASQUE

recette proposée par **Philippe_114**

Pour 6 personnes :

Moyennement difficile ● - Moyen ●●●
Préparation 1 h - Cuisson 50 min
Repos 12 h

Pour la pâte :
Citron (½)
Cognac (1 c. à soupe)
Jaunes d'œufs (2)
Farine (300 g)
Beurre (150 g)
Sucre (150 g)
Levure chimique (½ sachet)

Pour la crème pâtissière :
Œuf (1)
Jaunes d'œufs (2)
Farine (50 g)
Lait (25 cl)
Beurre (20 g)
Sucre (25 g)

Pour la crème du gâteau :
Poudre d'amandes (125 g)
Extrait d'amande amère (2 gouttes)
Maïzena (1 c. à soupe)
Sucre glace (125 g)
Œuf (1)
Beurre (125 g)

❶ **La veille**, _préparez la pâte :_ dans un saladier, **mélangez le sucre et les jaunes d'œufs** jusqu'à ce que le mélange blanchisse. **Pressez le citron.**

❷ **Incorporez ensuite peu à peu la farine** préalablement **tamisée, le beurre** préalablement **ramolli, la levure chimique**, le jus du citron et le cognac. **Laissez reposer** la pâte au bas du réfrigérateur durant une nuit.

❸ _Préparez la crème pâtissière :_ **mélangez, dans une casserole à feu doux, l'œuf entier et les jaunes, la farine et le sucre.**

❹ **Lorsque la composition est bien lisse et forme un ruban, ajoutez le lait et le beurre. Poursuivez la cuisson quelques minutes** sur feu très doux en mélangeant constamment.

❺ _Préparez la crème du gâteau :_ dans un saladier, **travaillez le beurre en pommade, ajoutez la poudre d'amandes, le sucre glace, l'œuf, la Maïzena et l'extrait d'amande.**

❻ **Ajoutez un quart de la crème pâtissière cuillère par cuillère. Laissez reposer** la crème au bas du réfrigérateur durant une nuit.

❼ **Le lendemain**, préchauffez le four à 120 °C (th. 4).

❽ **Divisez la pâte en deux. Étalez la moitié de la pâte dans un moule** à manqué préalablement beurré. **Répartissez la crème dessus puis recouvrez avec le reste de pâte.**

❾ **Enfournez** et laissez cuire **40 min** puis baissez la température du four à 90 °C (th. 3) **et laissez cuire encore 10 min**. Éteignez le four et laissez le gâteau à l'intérieur 10 min avant de déguster.

Astuce :
Pour étaler la pâte facilement, coupez 2 feuilles de film alimentaire, déposez la pâte entre les films, un dessous, un dessus, et étalez au rouleau.

Top des avis :
❝Je l'ai trouvé très bon mais je n'ai pas mis de jus de citron.❞ **rothinzil**

GÂTEAU NANTAIS

recette proposée par **diaduit35**

Pour 6 personnes :

Très facile ⊕ - Bon marché ©©©
Préparation 15 min - Cuisson 40 min

Beurre demi-sel (125 g)
Poudre d'amandes (100 g)
Rhum (9 cl)
Œufs (3)
Sucre glace (100 g)
Sucre (150 g)
Farine (40 g)

① Préchauffez le four à 180 °C (th. 6).

② Dans un saladier, **travaillez le beurre** préalablement **ramolli et le sucre** avec une cuillère en bois.

③ **Ajoutez la poudre d'amandes** et mélangez.

④ Dans un bol, **battez les œufs entiers à la fourchette puis incorporez-les petit à petit** à la préparation précédente.

⑤ **Terminez en ajoutant la farine** préalablement **tamisée et 3 cl de rhum**. Mélangez.

⑥ **Versez cette préparation dans un moule à manqué** de 25 cm de diamètre beurré et fariné.

⑦ **Enfournez** et laissez cuire **15 à 20 min**. Puis baissez la température du four à 150 °C (th. 5) et **poursuivez la cuisson 15 à 20 min**.

⑧ À la sortie du four, **démoulez le gâteau et arrosez-le avec 3 cl de rhum**.

⑨ Quand le gâteau est bien froid, **préparez le glaçage :** mélangez le sucre glace avec 3 cl de rhum.

⑩ **Étalez bien le glaçage sur le gâteau.**

❝Nous avons ajouté des framboises et c'était très bon.❞
Marchadq

> **❝**Très bonne recette.
> Je l'ai servie comme dans
> les Landes, flambée
> à l'armagnac.**❞**
> **Lysiane**

AQUITAINE
TOURTIÈRE LANDAISE

Pour 6 personnes :

Moyennement difficile ☾

Bon marché ⬤©©

Préparation 35 min - Cuisson 30 min
Repos 1 h 30

**Pommes (1 kg) - Armagnac (10 cl)
Eau de fleur d'oranger
(1 c. à soupe)**
Farine (250 g)
Beurre (125 g)
Sel (1 pincée)
Sucre (125 g)
Sucre vanillé (1 sachet)

Préparer une pomme

① **Versez la farine dans un saladier, faites un puits. Ajoutez 15 cl d'eau et le sel petit à petit** en l'incorporant à la farine.

② **Formez une boule puis étalez-la.**

③ **Étalez le beurre** préalablement **ramolli sur toute la pâte.**

④ **Rabattez les quatre coins de la pâte vers le centre et laissez reposer 20 min.**

⑤ Épluchez et **coupez les pommes en fines lamelles.** Placez-les dans un saladier.

⑥ **Saupoudrez-les de sucre vanillé, arrosez-les d'armagnac et d'eau de fleur d'oranger.** Remuez bien.

⑦ **Étalez de nouveau la pâte puis pliez-la en trois. Recommencez 6 fois en laissant reposer la pâte 10 min entre chaque tour.**

⑧ Préchauffez le four à 180 °C (th. 6). **Beurrez un moule à tourte.**

⑨ **Étalez la moitié de la pâte et disposez-la dans le fond du moule.**

⑩ **Disposez les pommes puis recouvrez avec le reste de pâte étalée. Soudez les bords** à l'aide d'une fourchette farinée.

⑪ **Enfournez** et laissez cuire **30 min.**

POITOU-CHARENTE
BROYÉ DU POITOU
recette proposée par **Jacotte**

<u>Pour 6 personnes :</u>
Très facile ⊕ - Bon marché ⊜⊜⊜
Préparation 15 min
Cuisson 20 min

Beurre salé (125 g)
Rhum (1 c. à soupe)
Farine (250 g)
Sucre (125 g)
Œuf (1)

① Préchauffez le four à 210 °C (th. 7).

② Dans un saladier, **mélangez** très rapidement **à la main la farine, le sucre et le beurre** préalablement **ramolli.**

③ **Ajoutez l'œuf et le rhum.** Mélangez.

④ **Pétrissez la pâte** en la repliant plusieurs fois.

⑤ **Étalez la pâte dans un moule** préalablement beurré à l'aide du plat de la main sur 1 cm d'épaisseur.

⑥ Décorez les bords à la fourchette.

⑦ **Enfournez** et laissez cuire **15 à 20 min.**

⑧ Démoulez et servez-le encore chaud.

PROVENCE-ALPES-CÔTE D'AZUR

GÂTEAU AU PASTIS

Pour 6 personnes :

Très facile ⊕ - Bon marché ©©©
Préparation 10 min - Cuisson 45 min

Pastis (10 cl)
Beurre (180 g) - Œufs (3)
Sucre (180 g) - Farine (180 g)
Levure chimique (1 sachet)
Sel (1 pincée)

① Préchauffez le four à 200 °C (th. 6-7).

② **Séparez les blancs des jaunes d'œufs.**

③ Dans un saladier, **mélangez les jaunes d'œufs avec le sucre.**

④ **Ajoutez le beurre** préalablement **fondu, le pastis, la farine** préalablement **tamisée et la levure.**

⑤ **Battez les blancs d'œufs en neige** avec une pincée de sel.

⑥ **Incorporez-les** délicatement au mélange.

⑦ **Versez la pâte dans un moule** à manqué beurré.

⑧ **Enfournez** et laissez cuire **45 min.**

Top des avis :

❝Vraiment très bon et bien typé. Je n'ai rien changé à la recette et la consistance était parfaite.❞ **Lindhia**

Monter des blancs en neige

« J'ai aussi essayé en remplaçant la confiture par du chocolat fondu et c'est très bon. »
berenice_87

GÂTEAU À LA CONFITURE

Pour 6 personnes :

Facile ● - Bon marché ●●●
Préparation 15 min - Cuisson 1 h 30

Beurre salé (250 g)
Confiture de framboises
(4 c. à soupe)
Jaunes d'œufs (6)
Farine (500 g)
Sucre (200 g)
Lait

Astuce :
Utilisez un moule à manqué et soudez bien les deux pâtes entre elles.

1. Préchauffez le four à 230 °C (th. 7-8).
2. Dans un saladier, **mélangez la farine et le sucre**.
3. **Creusez un puits et déposez-y les 6 jaunes d'œufs**.
4. **Travaillez la préparation avec une cuillère en bois** puis à la main pour la rendre sableuse.
5. **Incorporez le beurre salé** préalablement **ramolli et coupé en dés**.
6. **Pétrissez le tout** jusqu'à obtenir une pâte bien homogène.
7. Beurrez un moule à tarte.
8. **Divisez la pâte en deux. Déposez une première moitié au fond du moule.**
9. **Badigeonnez alors d'une bonne couche de confiture.** Veillez à laisser une marge de 2 cm sur les bords.
10. **Recouvrez de la seconde moitié de pâte.**
11. **Badigeonnez le dessus de lait et striez le gâteau** à l'aide d'une fourchette.
12. **Mettez le moule dans le four** et baissez la température à 200 °C (th. 6-7).
13. Laissez cuire **1 h 30** maximum. Au bout de 1 h 10, testez la cuisson avec la pointe d'un couteau. Si le gâteau brunit, couvrez-le d'une feuille de papier d'aluminium.

Top des avis :

66 Ce gâteau est délicieux même sans confiture. 99
Servane_78

215
DESSERTS

ALSACE
GÂTEAU AU VIN BLANC

recette proposée par **mimi**

Pour 6 personnes :

Très facile ☺ - Bon marché ⬤☺☺
Préparation 15 min - Cuisson 45 min

Vin blanc sec (20 cl)
Farine (200 g)
Sucre (200 g)
Œufs (3)
Levure chimique (1 sachet)
Huile d'arachide (10 cl)
Beurre
Sucre glace

❶ Préchauffez le four à 210 °C (th. 7).

❷ Dans un saladier, **mélangez les œufs avec le sucre.**

❸ **Incorporez la farine, la levure puis le vin blanc et l'huile.**

❹ **Beurrez un moule à cake.**

❺ **Enfournez** et laissez cuire **40 à 45 min.**

❻ Laissez refroidir puis démoulez et saupoudrez de sucre glace.

Top des avis :

❝ Je l'ai fait avec du vin blanc moelleux, en réduisant le sucre. ❞ **Cricrinc**

FRANCE
PITHIVIERS

recette proposée par **Gigimagic77**

Pour 6 personnes :

Facile ◖ - Moyen ●●◖

Préparation 15 min - Cuisson 30 min

Pâte feuilletée (2 rouleaux)
Poudre d'amandes (150 g)
Extrait d'amande amère
(1 c. à café)
Rhum (2 c. à soupe)
Sucre glace (125 g)
Beurre (100 g)
Œufs (2)
Jaune d'œuf (1)

① Préchauffez le four à 180 °C (th. 6).

② Préparez la frangipane. **Faites blondir la poudre d'amandes dans une poêle à feu doux. Mettez-la dans un saladier** et laissez-la refroidir. **Ajoutez le sucre glace.**

③ **Travaillez le beurre** préalablement **ramolli** dans une terrine, **avec une spatule**, puis **ajoutez le mélange précédent.**

④ **Incorporez les œufs, le rhum et l'extrait d'amande amère.** Mélangez bien.

⑤ **Déroulez un disque de pâte puis étalez la frangipane préparée dessus. Recouvrez-le du second disque de pâte.**

⑥ **Dorez le dessus avec un jaune d'œuf** (soudez bien les deux pâtes entre elles). **Quadrillez la pâte avec un couteau.**

⑦ **Enfournez** et laissez cuire **une trentaine de minutes.**

MONT-BLANC AU COCO

Pour 8 personnes :
Facile ● - Moyen ●●●
Préparation 1 h - Cuisson 50 min

Pour le biscuit :
Rhum (1 c. à soupe)
Maïzena (50 g)
Œufs (6)
Cannelle en poudre (1 c. à café)
Sucre (250 g)
Farine (150 g) - Beurre

Pour la crème :
Lait de coco (40 cl)
Vanille (1 gousse)
Jaunes d'œufs (3)
Farine (50 g)
Sucre (150 g)

Rhum
Cerises confites
Noix de coco râpée (100 g)

Astuce :
Si la crème est trop liquide, ajoutez un peu de Maïzena.

① <u>Préparez le biscuit</u> : préchauffez le four à 200 °C (th. 6-7). **Séparez les blancs des jaunes d'œufs.**

② Dans un saladier, **battez les jaunes d'œufs avec le sucre** jusqu'à ce que le mélange blanchisse.

③ **Ajoutez la farine, la cannelle, le rhum et la Maïzena. Mélangez.**

④ **Montez les blancs d'œufs en neige.**

⑤ **Ajoutez-les à la préparation.** Mélangez.

⑥ **Versez dans un moule à manqué** préalablement beurré et fariné.

⑦ **Enfournez** et laissez cuire pendant **35 min. Laissez refroidir** le gâteau dans son moule, puis **démoulez-le.**

⑧ <u>Préparez la crème</u> : dans une petite casserole, **faites bouillir le lait de coco dans lequel vous aurez laissé infuser une gousse de vanille fendue.**

⑨ Pendant ce temps, dans une grande casserole hors du feu, **battez les jaunes d'œufs et le sucre. Incorporez la farine au fouet.**

⑩ **Quand le lait est bouillant, versez-le sur le mélange, fouettez au batteur électrique** et **continuez de battre sur feu doux :** la crème est prête quand elle se détache des bords de la casserole. **Laissez refroidir.**

⑪ **Coupez le gâteau en deux dans le sens de l'épaisseur. Humectez généreusement les deux faces de rhum puis tartinez-les avec les trois quarts de crème.**

⑫ **Reformez le gâteau puis tartinez le dessus avec le reste de la crème.**

⑬ **Saupoudrez de noix de coco râpée** bien uniformément. **Servez avec des cerises confites** sur le dessus.

<u>Top des avis :</u>

❝ J'ai mis 3 c. à soupe de rhum pour bien parfumer la crème et j'ai rajouté du lait concentré sucré. ❞
CarolineBBG

AQUITAINE

GÂTEAU AUX NOIX

recette proposée par **Karine_50**

Pour 6 personnes :

Très facile ⊕ - Bon marché ⬤☺☺
Préparation 15 min - Cuisson 40 min

Noix décortiquées (150 g)
Rhum (3 cl)
Beurre (100 g)
Œufs (3)
Sucre (150 g)
Farine (40 g)
Levure chimique (½ sachet)
Sel (1 pincée)

❶ Préchauffez le four à 150 °C (th. 5).

❷ **Hachez finement les noix au robot.**

❸ **Ajoutez 75 g de sucre** aux noix, mélangez.

❹ **Dans un saladier, à l'aide d'un batteur électrique, mélangez doucement 75 g de sucre avec le beurre** préalablement **ramolli. Ajoutez les noix** hachées et sucrées.

❺ Lorsque le mélange est homogène, **ajoutez les œufs un à un, puis le sel, la farine, la levure et enfin le rhum, et mélangez le tout, toujours avec le batteur.**

❻ **Versez la pâte dans un moule** de 22 cm de diamètre beurré.

❼ **Enfournez** et laissez cuire **40 min.**

> **Top des avis :**
>
> 66 Servi avec une crème anglaise, ce gâteau est très bon. 99 **Jbroux01**

66 Je n'avais plus assez de noix, alors j'ai utilisé des noisettes et j'ai ajouté un bouchon de kirsch. Délicieux ! 99
choupiette

CORSE
FIADONE

Pour 8 personnes :
Facile ◔ - Moyen ◕◕◕
Préparation 20 min - Cuisson 40 min

Brocciu (500 g)
Zeste de citron non traité (1)
Œufs (5)
Sucre (100 g)
Beurre

1. Préchauffez le four à 180 °C (th. 6).

2. **Passez le brocciu au presse-purée**.

3. Dans un saladier, **mélangez-le avec les œufs (non battus) et le sucre. Ajoutez le zeste de citron préalablement râpé**.

4. **Versez la préparation dans un moule** préalablement beurré.

5. **Enfournez** et laissez cuire **30 à 40 min** jusqu'à ce que le gâteau soit bien doré.

6. **Laissez refroidir** complètement dans le moule.

7. Découpez des parts directement dans le plat. Conservez au frais.

Top des avis :

66 Excellent. N'ayant pas de brousse corse, j'ai utilisé de la ricotta et ajouté un petit verre de cointreau et le jus du demi-citron. 99 **Alambic03**

La recette filmée du fiadone

MENDIANT AUX CERISES NOIRES

recette proposée par **alsacook**

Pour 8 personnes :
Très facile ⊕ - Moyen ●●◎
Préparation 25 min - Cuisson 1 h

Pains au lait rassis (6) ou des restes
de brioche ou de kougelhopf
Cerises noires (1 kg)
Poudre de noisettes (100 g)
Chapelure (3 c. à soupe)
Œufs (4) - Lait (50 cl)
Sucre (150 g) - Sucre vanillé (1 sachet)
Cannelle (1 c. à café)
Beurre (40 g)

① Dans une grande casserole, **portez le lait à ébullition et faites-y tremper les pains au lait.**

② Laissez refroidir puis **écrasez-les à l'aide d'une fourchette.**

③ **Ajoutez les sucres, la cannelle et la poudre de noisettes.**

④ **Incorporez les œufs** un à un.

⑤ Préchauffez le four à 210 °C (th. 7).

⑥ Lavez et **dénoyautez les cerises. Ajoutez-les à la préparation.**

⑦ Beurrez un plat creux allant au four. **Versez la préparation dans le plat. Saupoudrez de chapelure et répartissez quelques noisettes de beurre.**

⑧ **Enfournez** et laissez cuire pendant **1 h.** Dégustez tiède ou froid.

TARTIGNOLE

Pour 6 personnes :
Très facile ⊕ - Bon marché ●◎◎
Préparation 20 min - Cuisson 25 min

Pommes un peu acides
ou poires (350 g)
Œufs (2)
Sucre (150 g)
Farine (150 g)
Beurre (50 g)
Levure chimique (½ c. à café)

① **Versez la farine et la levure dans un saladier. Ajoutez les œufs** préalablement **battus et mélangez.**

② **Versez ensuite 20 cl d'eau et mélangez bien** pour obtenir une pâte à crêpes épaisse et bien lisse.

③ **Épluchez les fruits et coupez-les en quartiers** assez épais.

④ **Mettez les pommes dans un saladier, ajoutez 100 g de sucre et mélangez.**

⑤ **Faites fondre le beurre dans une poêle** puis **faites-y cuire les fruits** jusqu'à ce qu'ils soient bien dorés et caramélisés.

⑥ **Versez la pâte à crêpes sur vos fruits et laissez cuire 5 min** jusqu'à cuisson quasi complète.

⑦ **Transvasez la tartignole sur une assiette.**

⑧ **Versez environ 30 g de sucre dans la poêle. Remettez le gâteau face non cuite** sur le fond puis **saupoudrez du reste de sucre sur la face cuite. Laissez cuire 5 min à couvert.**

“ J'ai utilisé une baguette de pain de la veille. J'ajoute des raisins secs et du cacao en poudre. Un régal. ”
Centhaure

“ N'ayant pas assez de pommes, j'ai utilisé un mélange de dés de pomme et de potiron (courge muscadée). Délicieux, surtout avec un peu de cannelle ! ”
alice_635

66 Pour que les pruneaux ne tombent pas au fond du plat, faites légèrement cuire une première partie de la pâte avant d'ajouter les pruneaux et le reste de la préparation. 99
Dudule

66 J'ai fait moitié sucre, moitié lait concentré sucré. 99
Laurent_1118

FAR AUX PRUNEAUX

Pour 6 personnes :

Très facile ☺ - Bon marché ⊜⊜⊜
Préparation 15 min - Cuisson 30 min
Repos 1 h 30

Pruneaux (20 à 30)
Sucre vanillé (2 sachets)
Lait (75 cl) - Farine (200 g)
Sucre (200 g) - Œufs (4) - Beurre

La recette filmée du far
aux pruneaux

❶ Préparez la pâte : **mélangez la farine, le lait, le sucre, les œufs et le sucre vanillé. Laissez reposer pendant 1 h.**

❷ Préchauffez le four à 200 °C (th. 6-7).

❸ **Beurrez le fond et les côtés d'un plat** (en terre de préférence). **Versez-y la pâte.**

❹ **Roulez les pruneaux dans la farine** (pour ne pas qu'ils tombent au fond) **et déposez-les dans le plat.**

❺ **Enfournez pour 30 min puis éteignez le four et laissez-y le far encore 30 min.**

Top des avis :

❝ Très bon, j'ai mis environ 30 pruneaux, 150 g de sucre, 1 c. à sucre de rhum et de la vanille liquide. J'ai augmenté un peu le temps de cuisson. ❞ autan311

GÂTEAU AUX PATATES DOUCES

Pour 8 personnes :

Très facile ☺ - Moyen ⊜⊜⊜
Préparation 35 min - Cuisson 1 h 30

Patates douces (1,5 kg)
Vanille (1 gousse)
Rhum (3 c. à soupe)
Beurre (150 g)
Œufs (4 gros)
Sucre (200 g)

❶ Préchauffez le four à 190 °C (th. 6-7).

❷ **Épluchez les patates douces.**

❸ **Faites-les cuire dans une casserole d'eau bouillante** jusqu'à ce qu'elles soient tendres.

❹ Égouttez-les puis **réduisez-les en purée.**

❺ **Ajoutez les œufs légèrement battus, le sucre, le beurre** préalablement **ramolli, les graines de la gousse de vanille et le rhum.**

❻ **Versez la pâte dans un moule** à bord haut beurré.

❼ **Enfournez** et laissez cuire pendant **1 h** : le gâteau doit être bien doré.

"Super facile ! J'ai garni mes choux de crème pâtissière, merci !"
kevanjupami

CHOUX À LA CRÈME

recette proposée par **Christophe_de_Marmiton**

Pour 12 gros choux ou 18 petits :

Moyennement difficile ●
Bon marché ●©©
Préparation 40 min - Cuisson 25 min
Repos 2 h

Pour la pâte à choux :
Œufs (3) - Beurre (80 g)
Farine (125 g)
Sucre (1 c. à café)
Sel (1 pincée)

Pour la crème chantilly :
Crème fraîche liquide entière (50 cl)
Sucre glace (35 g)

Astuce :
Si vous n'avez pas de poche à douille, coupez le dessus de chaque chou, garnissez-les de crème puis déposez le chapeau dessus.

① Préchauffez le four à 200 °C (th. 6-7).

② <u>Préparez les choux :</u> dans une casserole, **faites chauffer le beurre, 25 cl d'eau, le sel et le sucre.**

③ **Dès que tout est fondu, versez la farine d'un coup et mélangez** bien avec une cuillère en bois jusqu'à ce que la pâte n'adhère plus à la cuillère ni à la casserole.

④ **Hors du feu, ajoutez les œufs un à un** en mélangeant entre chaque jusqu'à homogénéité.

⑤ **Beurrez une plaque de cuisson puis disposez des petits tas de pâte** (18 pour des petits choux, 12 pour des gros). Utilisez pour cela une poche à douille, ou tout simplement deux cuillères à café.

⑥ **Enfournez pour 20 à 25 min** sans ouvrir la porte du four.

⑦ <u>Préparez la crème chantilly :</u> 30 min avant de commencer, placez un saladier et les fouets de votre batteur au congélateur.

⑧ **Versez la crème bien froide dans le saladier froid. Ajoutez le sucre glace.**

⑨ **Battez la crème au fouet électrique** en augmentant progressivement la vitesse, toutes les 30 s environ.

⑩ **Laissez reposer la crème chantilly 2 h** minimum au réfrigérateur.

⑪ **Remplissez une poche à douille** (n° 10) **de crème chantilly et remplissez les choux un à un, en pratiquant un trou à la base de chacun.**

Top des avis :

❝Très bien et facile à réaliser ! J'ai caramélisé les choux comme pour une pièce montée.❞ **pompon21**

Réaliser une pâte à choux

NORD-PAS-DE-CALAIS

GAUFRES DU NORD

recette proposée par **Nicolas_59**

<u>Pour 6 personnes :</u>

Facile 🌑 - Bon marché 🌑🌑🌑
Préparation 10 min - Cuisson 5 min
Repos 1 h

Levure de boulanger (15 g)
Bière (50 cl)
Rhum (2 c. à soupe)
Cassonade (2 c. à soupe)
Farine (500 g) - Œufs (3)
Beurre (250 g) - Lait (25 cl)
Sucre vanillé (1 sachet)
Sel (1 pincée)

❶ **Faites fondre le beurre avec le lait et le sucre vanillé.**

❷ **Séparez les blancs des jaunes d'œufs.**

❸ Dans un saladier, **mélangez la farine avec les jaunes d'œufs, le sel, la levure et la cassonade.**

❹ **Ajoutez le mélange beurre-lait et la bière** puis mélangez jusqu'à obtenir une consistance plus épaisse qu'une pâte à crêpes. **Ajoutez le rhum.**

❺ **Montez les blancs d'œufs en neige,** puis **incorporez-les** délicatement à la pâte.

❻ **Laissez reposer la pâte** 1 h jusqu'à ce qu'elle double de volume.

❼ **Préchauffez un appareil à gaufre, versez-y des louches de pâte et laissez cuire 3 à 5 min.**

BRETAGNE
CRÊPES AU BEURRE SALÉ

recette proposée par **Lucie_360**

Pour 10 crêpes :

Très facile ⊕ - Bon marché ©©©
Préparation 15 min - Cuisson 10 min
Repos 30 min

Beurre salé (50 g)

Farine (125 g) - Œufs (2)
Lait (25 cl) - Sucre (1 c. à soupe)
Sucre vanillé (1 sachet) - Sel (1 pincée)

Réaliser une pâte à crêpes

1. Dans un saladier, **mélangez la farine avec le sel**.
2. **Battez les œufs** dans un bol **puis ajoutez-les dans le saladier avec la farine.** Mélangez bien.
3. **Ajoutez les sucres, le lait, très lentement, puis 5 cl d'eau.**
4. **Incorporez enfin le beurre** préalablement **fondu**.
5. **Laissez reposer la pâte 30 min** au frais.
6. **Graissez une poêle à crêpes, versez-y une louche de pâte et laissez cuire. Retournez la crêpe** à l'aide d'une spatule.
7. Recommencez jusqu'à épuisement de la pâte.

Top des avis :

❝ J'ai ajouté un demi-bouchon de rhum. ❞ **Pegue**

CONFITURE DE PATATES DOUCES

recette proposée par **ginette**

Pour 6 personnes :

Très facile ⊕ - Moyen ●●©
Préparation 35 min - Cuisson 30 min

Patates douces (1 kg)
Extrait d'amande amère
(1 c. à café)
Citron (1)
Sucre (1 kg)
Cannelle (½ c. à café)
Sucre vanillé (1 sachet)

① **Pelez les patates douces, coupez-les en morceaux** (de la grosseur d'un pruneau).

② **Lavez-les avec le jus du citron** (pour éviter qu'elles noircissent).

③ **Mettez dans une grande casserole 50 cl d'eau, le sucre, l'amande amère, la cannelle et le sucre vanillé.**

④ **Dès que l'eau commence à frémir, ajoutez les morceaux de patates douces** et **laissez cuire environ 30 min** en surveillant la cuisson.

⑤ À la fin de la cuisson, il faut que la confiture soit cuite, un peu fondue mais pas en purée.

CRÈME DE CARAMEL AU BEURRE SALÉ

recette proposée par **Karine**

Pour 1 petit bocal :

Moyennement difficile ●
Bon marché ●©©
Préparation 5 min - Cuisson 20 min

Beurre salé (15 g)
Sucre (10 morceaux)
Lait (4 c. à soupe)

① **Placez les morceaux de sucre dans une casserole à fond épais et mouillez-les avec un filet d'eau.**

② **Faites-les fondre** sur feu doux.

③ **Lorsque vous obtenez un joli caramel, ajoutez le beurre.**

④ **Hors du feu, versez le lait** pour arrêter la cuisson et mélangez.

⑤ **Remettez la casserole sur feu doux et remuez** jusqu'à l'obtention d'une crème homogène.

⑥ **Versez dans un bocal** et laissez refroidir.

> Top des avis :
>
> 66 C'est délicieux ! Pour avoir une bonne consistance, n'hésitez pas à faire bouillir (en surveillant bien que ça ne brûle pas) dans la deuxième étape de cuisson. 99 **stephanievial**

❝ J'ai remplacé la crème fraîche par du fromage blanc. ❞
Cindy_248

❝ Je remue toutes les 30 min durant les deux premières heures afin que la peau qui se forme sur le dessus ne soit pas trop cuite/grillée. Je la fais cuire environ 4 h 30. ❞
Fabienne_211

ANTILLES

CRÈME DE FRUITS DE LA PASSION

recette proposée par **lolita_4**

Pour 6 personnes :

Très facile ☺ - Moyen ☺☺☺
Préparation 10 min - Repos 3 h

Fruits de la Passion (6)
Lait concentré sucré (40 cl)
Crème fraîche épaisse (50 cl)

1. **Coupez les fruits de la Passion en deux, prélevez la pulpe** (avec les graines) puis **mixez-la** dans un blender.
2. **Ajoutez la crème et le lait concentré sucré et mixez** pour obtenir une crème onctueuse.
3. **Versez la crème dans des ramequins.**
4. **Laissez prendre quelques heures au réfrigérateur.**

Top des avis :

66 Un délice, rien à changer. J'ajoute des fruits frais (mangue ou pêche) une fois la crème prise. 99 Juliette59

NORMANDIE

TEURGOULE

Pour 10 personnes :

Moyennement difficile ☺
Bon marché ☺☺☺
Préparation 10 min - Cuisson 7 h 30

Lait entier (2 l)
Riz rond (180 g)
Vanille (1 gousse)
Sucre (200 g)
Beurre (50 g)
Cannelle (1 c. à café)
Sel (1 pincée)

1. Préchauffez le four à 120 °C (th. 4).
2. **Dans une jatte** en terre émaillée (ou saladier en grès), **versez le riz, le sucre, le sel et la gousse de vanille.**
3. **Faites chauffer le lait dans une casserole avec le beurre** sans faire bouillir.
4. **Versez doucement le lait dans la jatte.**
5. **Saupoudrez de cannelle et mélangez.**
6. **Enfournez et laissez cuire pendant 7 h à 7 h 30.** Vérifiez la cuisson en piquant la teurgoule avec un couteau : lorsque sur le couteau, le lait n'est plus liquide mais crémeux… c'est prêt !

Top des avis :

66 Je mets un bol d'eau dans mon four pour garder l'humidité. 99 Laetitia_1116

INDEX DES RECETTES PAR RÉGION

INDEX DES INGRÉDIENTS

237

239

Crédits :

Manina Hatzimichali / Marmiton : p. 10 (bas), p. 19, p. 21 (bas), p. 23, p. 28, p. 29, p. 32, p. 36 (bas), p. 39, p. 42, p. 45 (haut), p. 54, p. 55, p. 57 (haut), p. 59, p. 60, p. 61, p. 65, p. 69, p. 72, p. 76, p. 77, p. 79, p. 82, p. 86, p. 92, p. 94 (bas), p. 97, p. 98, p. 99, p. 100, p. 103, p. 105 (bas), p. 111, p. 116 (bas), p. 119, p. 126 (haut et bas), p. 129, p. 130, p. 134, p. 135, p. 136 (haut), p. 138, p. 139, p. 141, p. 142, p. 144 (bas), p. 149 (bas), p. 150 (haut et bas), p. 153, p. 156, p. 165, p. 169, p. 173, p. 175 (haut), p. 177, p. 181, p. 183 (haut et bas), p. 187 (bas), p. 191, p. 192, p. 197 (haut et bas), p. 203, p. 205 (haut et bas), p. 206, p. 213, p. 214, p. 216, p. 217, p. 219, p. 223 (haut et bas), p. 224 (bas), p. 231 (haut et bas).

Marmiton : p. 30 (haut), p. 87.

Sucré Salé : Amiard : p. 105 (haut), p. 146, p. 211 ; A Point Studio : p. 24, p. 91 ; Bagros : p. 78 ; Bilic : p. 68, p. 84 (bas), p. 140 ; Caste : p. 163, p. 232 (haut) ; Court : p. 125 (haut), p. 220 ; Cultura Creative : p. 118 ; Dieterlen : p. 18 ; Desgrieux : p. 13, p. 43, p. 83 ; Fénot : p. 178 ; Fondacci/Markezana : p. 33, p. 49, p. 53, p. 179, p. 180, p. 184 ; Food & Drink : p. 51, p. 116 (haut) ; Foodfolio : p. 169 ; Gousses de vanille : p. 160 ; Hall : p. 15 (bas), p. 101, p. 143, p. 144 (haut), p. 149 (haut) ; Hallet : p. 198 ; Hussenot : p. 66 (haut) ; Lawton : p. 66 (bas) ; Mallet : p. 84 (bas) ; Marielle : p. 89, p. 94 (haut), p. 108, p. 171, p. 221 ; Nicol : p. 27, p. 88 ; Nicoloso : p. 10 (haut) ; Norris : p. 50 ; Poisson d'Avril : p. 75 (bas), p. 81, p. 175 (bas) ; Presse Citron : p. 187 (haut), p. 232 (bas) ; Radvaner : p. 71, p. 185 ; Riou : p. 30 (bas), p. 36 (haut), p. 44, p. 112, p. 189, p. 190, p. 195, p. 226 ; Rivière : p. 15 (haut), p. 21 (haut), p. 159 ; Roulier/Turiot : p. 209 ; Ryman : p. 107, p. 113, p. 166 ; Ryman Cabannes : p. 75 (haut) ; SITECOM : p. 45 (bas) ; Studio : p. 115, p. 121 (haut et bas), p. 229 ; Sudres : p. 41, p. 48, p. 123, p. 125 (bas), p. 162, p. 210, p. 212 ; Sultan : p. 228 ; Thys/Supperdelux : p. 70 . p. 136 (bas) ; Vaillant : p. 16, p. 57 (bas) ; Veigas : p. 34 ; Viel : p. 25, p. 38, p. 133, p. 147, p. 201, p. 224 (haut).